꽃으로도 때리지 말라

꽃으로도 때리지 말라

김혜자

오래된미래

꽃으로도 때리지 말라

1판 1쇄 발행 | 2004년 3월 13일   1판 164쇄 발행 | 2021년 8월 3일
지은이 | 김혜자   펴낸이 | 정중모   펴낸곳 | 오래된미래
등록 | 1980년 5월 19일(제406-2000-000204호)
주소 | 경기도 파주시 회동길 152
전화 | 031-955-0700   팩스 | 031-955-0661

ISBN 978-89-955014-0-5 03810

□ '오래된미래'는 도서출판 열림원의 자회사입니다.
□ 이 책의 저작권은 저자와 오래된미래에 있으며 사진의 일부는 월드비전에서 제공해주었습니다.
□ 지은이의 인세는 우리나라를 비롯해 전세계의 고통받는 아이들을 돕는 데 전액 쓰입니다.

매력적인 입술을 가지려면

친절한 말을 하라.

사랑스런 눈을 가지려면

사람들 속에서 좋은 것을 발견하라.

날씬한 몸매를 원하면

배고픈 사람들에게 음식을 나눠주라.

아름다운 머릿결을 가지려면

하루에 한 번 아이로 하여금 그 머릿결을 어루만지게 하라.

균형 잡힌 걸음걸이를 유지하려면

당신이 결코 혼자가 아니라는 사실을 기억하며 걸으라.

물건뿐 아니라 사람도

새로워져야 하고, 재발견해야 하며, 활기를 불어넣어야 한다.

어떤 사람도 무시되어선 안 된다.

당신이 도움의 손길을 필요로 할 때

당신 역시 팔 끝에 손을 갖고 있음을 기억하라.

나이를 먹으면서 당신은 알게 될 것이다.

당신이 두 개의 손을 갖고 있음을.

한 손은 당신 자신을 돕기 위해,

그리고 나머지 한 손은 다른 사람을 돕기 위해.

― 오드리 햅번

| 차례 |

바람의 딸 에꾸아무 10

슬픈 대륙의 여자와 아이들 21

내 삶의 이유 33

꽃으로도 때리지 말라 41

피의 다이아몬드 51

아직도 전쟁은 끝나지 않았다 64

망고 두 개를 훔치는 아이 72

세상 사람들에게 내 눈을 빌려주고 싶네 81

신이 나를 데려다준 곳 91

미치는 이 마음 이대로 얼어터져라 97

인젤라 엘름 106

이것이 차라리 드라마라면 117

전쟁은 죽은 자에게만 끝난다 124

울지 않는 아이들 134

행복이라는 이름의 불행 141

눈물은 마르고 153

내 가슴을 아프리카에 두고 166

그물에 걸리지 않는 바람처럼 178

우리가 천국에 올려 보낸 재료 186

갠지스강에 띄운 천 개의 꽃등불 199

가장 가난한 나라의 행복 지수 207

당신이 가진 재산은 얼마인가요 213

살아남은 자의 슬픔 224

죽지 말아라, 아이들아 235

난민으로 살아가는 사람들 246

〈전원일기〉와 나 253

익숙한 몸짓으로 살고 싶지 않다 263

아이들이 보낸 편지 278

김혜자
경기여자중고등학교 졸업
이화여자대학교 미술대학 수료
현재 월드비전 친선대사이자 극동방송
〈김혜자와 차 한 잔을〉 10년째 진행중
방문국 : 에티오피아, 소말리아, 르완다, 케냐,
우간다, 인도, 라오스, 베트남, 중국,
보스니아, 북한, 아프카니스탄 등

주요 출연작품
〈TV 드라마〉
1980~2002 전원일기
1988 모래성
1989 겨울안개
1990 여자는 무엇으로 사는가
1991 사랑이 뭐길래
1993 엄마의 바다
1999 장미와 콩나물 등 80여 편
〈영화〉
만추
마요네즈
〈연극〉
유다여 닭이 울기 전에
사할린스크의 하늘과 땅
휘가로의 결혼
19 그리고 80
셜리 발렌타인 등 13편

수상경력
백상예술대상 신인상, 주연상, 대상 등 6회
MBC연기대상 최우수 연기상 4회, 특별상 1회
동아연극상, 여성신문사 주최 제1회 페미니즘상
마닐라국제영화제 여우주연상
광고주가 뽑은 좋은 모델상 2회
배우로서는 최초로 위암 장지연상
아시아에서는 처음으로 엘리자베스 아덴 사에서 주는
Visible Difference Award 수상

1

"만일 내가 비라면 물이 없는 곳으로 갈 거야. 그곳 사람들에게 '내가 곧 갈게' 하고 말할 거야. 그래서 그들이 내미는 그릇들을 물로 가득 채워줄 거야." 인도 소녀 수미트라가 쓴 글입니다. 지구상의 60억 인구 중에서 12억 인구가 하루 1달러 미만의 수입으로 살아가고 있고, 그들 중 대부분은 가뭄과 전쟁과 빈곤의 희생자들입니다. 또한 1억 5천 명의 아이들이 거리에서 자고, 먹고, 일하고, 뛰어다니고, 꿈을 꿉니다. 만일 내가 비라면 나도 수미트라와 함께 물이 없는 곳으로 갈 겁니다. 만일 내가 옷이라면 세상의 헐벗은 아이들에게 먼저 갈 겁니다. 만일 내가 음식이라면 모든 배고픈 이들에게 맨 먼저 갈 겁니다.

— 김혜자 (굶주린 아이들을 위한 모금 연설에서)

바람의 딸 에꾸아무

에꾸아무는 '바람'이라는 뜻입니다. 내가 아는 에꾸아무는 케냐의 투루카나에 살고 있는 일곱 살짜리 소녀입니다. 수줍게 웃을 때마다 보조개가 패이는, 정말 사랑스런 아이입니다. 사금 캐러 간 엄마를 대신해 동생을 돌보고 있습니다. 동생은 어디가 아픈지 계속 칭얼대며 누나를 힘들게 합니다. 에꾸아무는 그런 동생을 안아주었다가 힘들면 도로 뉘었다가 하고 있습니다.

나는 에꾸아무를 다 허물어져가는 헝겊과 지푸라기로 된 삼각형 모양의 움막 안에서 만났습니다. 에꾸아무는 나를 보자 마치 친한 사람을 만난 것처럼 잘 웃었습니다. 하지만 그 웃음은 어딘지 모르게 슬퍼 보였습니다. 내가 "너 뭣 좀 먹었니?" 하고 묻자, 소녀는 고개를 저었습니다. 그리고는 아주 작은 목소리로 그저께부터 아무것도 먹지 못했다고 말했습니다. 동생이 아프다는 얘기를 하며 에꾸아무의 눈이 젖어듭니다. 이 예쁜 아이가 울고 있습니다. '바람'이라는 뜻을 가진 에꾸아무가…….

나는 에꾸아무 곁을 떠날 수가 없습니다. 날이 저물 무렵 엄마가 빈

단돈 1백 원이면 이 아이들에게 한 끼를 배불리 먹일 수 있다. 그리고 아이들을 이렇게 활짝 웃게 할 수 있다.

손으로 돌아왔습니다. 에꾸아무 엄마가 사금을 캐서 버는 돈은 하루에 5실링에서 10실링 사이입니다. 5실링이면 이곳에서 물 한 잔 값입니다. 아빠는 두 해 전에 병으로 세상을 떠났습니다. 엄마는 칭얼거리는 아기에게 젖을 물리고 눈물이 그렁그렁한 얼굴로 자장가 비슷한 노래를 불러줄 뿐. 에꾸아무는 오늘도 아무것도 먹지 못하고 잠을 청합니다. 어떻게 하면 허기진 배 부분을 없앨까 애를 쓰듯 몸을 최대한 웅크리고서.

이곳에 밤이 오면 참으로 할 일이 없습니다. 전기도 없고 등잔 켤 석유도 없고, 그야말로 적막강산입니다. 달빛과 별빛에 희미하게 사람의 형체만 보일 뿐. 저만치 떨어진 움막 밖의 돌 위에 앉아 나는 잠든 에꾸아무를 바라보고 있습니다. 내일 일찍 이곳에 먹을 것이 도착해야 할 텐데. 꼭 그래야 할 텐데. 그렇지 않으면 또 많은 아이들이 가엾이 죽어갈 텐데…….

에꾸아무. 나는 이 아이를 서울로 데려가고 싶습니다. 데리고 가서 깨끗이 씻기고, 밥 먹이고, 예쁜 옷 입혀서 학교 보내고, 손 잡고 데리고 다니고 싶습니다. 어떻게 하면 그렇게 할 수 있을까? 이 소녀를 데려가면 서울 가서 한 열흘은 행복할 거예요. 하지만 이곳에 있는 엄마가 보고싶고, 동생이 보고싶어, 에꾸아무는 곧 불행해질 겁니다. 마음이 아파 견딜 수가 없습니다. 에꾸아무야, 넌 왜 여기서 태어났니? 왜 하필 아프리카 땅에서 태어났니?

헤르만 헤세는 이런 시를 썼습니다.

인생에 주어진 의무는

다른 아무것도 없다네.

그저 행복하라는 한 가지 의무뿐.

우리는 행복하기 위해 세상에 왔지.

헤세는 에꾸아무를 모르니까 그런 시를 썼겠지요. 이 모든 것이 드라마라면 좋겠습니다. 그것도 연속극이 아닌 단 한 편으로 끝나는 단막극이라면.

에꾸아무 집 앞에 앉아 있을 때 저 멀리 들판으로 얼룩말떼가 지나가는 것을 보았습니다. 아프리카에 와서 처음 보는 야생동물입니다. 사람들은 아프리카 하면 곧바로 야생동물들을 떠올립니다. 텔레비전에서도 야생의 초원에 뛰노는 동물의 왕국만을 보여줍니다. 마치 아프리카에는 사람들이 살지 않는다는 듯이. 마치 무의미한 전쟁과 굶주림으로 수십만 명이 죽어가는 일이란 전혀 없다는 듯이.

왜 세상은 사자와 기린과 얼룩말들을 보호하면서 이 죄 없는 아이들은 그냥 굶어 죽어가게 내버려두는 걸까요? 물론, 아주 조금의 관심이 없는 것은 아닙니다. 하지만 아무리 생각해도 이해가 가지 않습니다. 고릴라가 3백 마리가 죽었다고 하면 연일 신문과 방송에서 떠들어대면서, 하루에도 수백 명씩 죽어가는 아이들에 대해선 침묵하는 이상한 세상입니다.

아프리카는 정말 신이 잠깐 잊으신 땅일까요?

불과 3년 간의 가뭄으로 에꾸아무가 사는 투루카나 지역에서만 30만 명의 난민이 발생했습니다. 그들은 오로지 다른 나라에서 보내오는 구호품에만 의지해 살고 있습니다. 물론 수도 나이로비는 관광도시이니까 사람도 많고 버젓한 건물들도 있지만, 가뭄으로 농사를 짓지 못해 무작정 수도로 올라온 사람들로 연일 북새통이긴 마찬가지입니다.

거리를 배회하는 청소년들, 급증하는 범죄들, 일자리가 없는 도시 빈민, 높은 실업률, 배고픔을 참기 위해 본드를 입에 대고 있는 아이들, 겁도 없이 차를 가로막고서 차 유리를 닦겠다고 조르는 아이들로 나이로비는 얼룩져 있습니다.

나이로비에서 투루카나로 가는 길은 온통 흙먼지만 날릴 뿐, 인적이 보이지 않는 버려진 땅 천지입니다. 갈라질 대로 갈라져, 아무리 땅이라 해도 아플 것같이 바짝 메말라 터진 곳, 그 끄트머리 투루카나에 사람들이 살고 있습니다.

여기는 적도와 담 하나 사이를 두고 있는 곳. 사람이 살기 힘든 사막 지대입니다. 이곳에 살고 있는 사람들은 최후의 유목민 중 하나입니다. 차에서 내리자 속눈썹까지 먼지가 하얗게 앉은 아이들이 거의 벌거벗은 채로 달려듭니다. 구호품으로 하루하루를 연명하는 아이들.

우기인 10월이지만 비가 올 기미는 전혀 없습니다. 아이들은 강물이 다 말라버린 땅에서 사금을 채취하고 있습니다. 여기에 금싸라기가 있는 건 또 어떻게 알았을까요? 하루 종일 흙을 채에 넣어 흔들고 앉아 있으니까, 온몸은 물론 속눈썹까지 흙먼지가 덮여 밀가루를 뒤집어쓴 것 같습니다.

사금을 찾기엔 너무 어린 대여섯 살 정도의 아이들은 제 몸의 반은 되는 플라스틱 물통을 들고 3,40킬로미터 떨어진 거리에 가서 물을 길어

머리에 이고 옵니다. 가엾은 아이들. 이곳에서는 아이도 아이가 아닙니다. 먹고살기 위해 일해야 하는 일꾼입니다.

여인들은 나를 보자 노래를 하기 시작합니다. 아프리카 사람들이 단체로 내지르는 무슨 고함소리 같기도 하고 울음소리 같기도 한 노래를. 그것은 이런 내용이라고 합니다.

'여기가 살 만한 곳이라고 생각하나요? 여기가 어떤 곳인 줄 아시나요? 배가 고파요. 먹을 걸 좀 주세요.'

보는 사람이 미안할 정도로 노래를 반복합니다. 저러면 더 배가 고플 텐데. 여인들은 우리가 샤워하고 난 뒤 큰 수건으로 가슴께에서 여미는 식의 옷을 입고 있습니다. 그리고 색색의 구슬들로 목걸이를 해 목 전체에 칭칭 감아서 목의 살이 전혀 안 보이고, 귓바퀴에는 여섯 개 정도의 귀고리들이 달랑거립니다. 먹을 것도 없는데 저 구슬들은 어디서 다 난 걸까? 아프리카 사람들이 몸에 무엇을 달고 걸고 하는 걸 좋아한다는 건 알았지만 여기 이 여인들은 목언저리 살이 전혀 안 보일 만큼 수많은 목걸이를 한 것이 참 특이합니다. 저 구슬들은 다 어떻게 구한 거며, 이 더운 날 왜 저렇게 목을 감싸는지 내내 궁금했지만 하도 절실하게 노래를 부르고 있으니까 그런 것에 눈길이 가는 내 자신이 좀 이상하게 느껴질 정도입니다.

우리나라를 포함해 많은 나라에서 식량을 보내오고 있지만 난민 숫자에 비해 턱없이 부족합니다. 아까 우리가 차에서 내릴 때 달려오던 아이들 중에는 키가 크고 유방이 제법 봉긋하게 솟아 있는데도 아무것도 걸치지 않은 여자아이가 있었습니다. 아이는 젖가슴을 내놓고서도 헤헤거

모두가 미쳐 있는 이곳은 아직도 전쟁이 끝나지 않았다. 삶과의 전쟁이 이 아이들 앞에 놓여 있는 것이다.
이들을 도와주지 않으면 우리 모두는 인간이라는 것이 부끄러울 수밖에 없다.

리며 웃고 있었습니다. 난 본능적으로 그 여자아이의 젖가슴을 두 손으로 가려주었습니다. 머리가 조금 돌은 아이라고 했습니다. 조금 돌아야 웃을 수 있는 곳입니다, 이곳은.

유목민들이니까 풀이 있어야 소떼와 양떼를 먹이는데 풀이 없어 동물들은 거의 굶어 죽었습니다. 한 청년이 길바닥에 모자를 푹 눌러쓰고 누워 있다가, 나를 보더니 말합니다.

"가축이 다 죽어 아침에 일어나도 할 일이 없어요."

아침에 일어나도 할 일이 없다는 것은 참으로 막막하고 쓸쓸한 일일 것입니다. 이들이 식량 창고에서 배급받는 것은 잡곡으로 이루어진 농산물인데, 이들의 주식이던 고기와 우유가 아니라서 먹으면 배탈이 난다고 합니다. 그래도 그것마저 없어 굶는 날이 허다합니다.

한 움막으로 들어갔더니, 아빠는 1년 전에 죽고 엄마 혼자서 아이 셋을 키우고 있습니다. 이들이 사는 곳을 집이라 말하기 어렵습니다. 다 떨어진 헝겊, 지푸라기 등으로 얼기설기 엮어놓은 곳에 불과합니다. 물론 바닥은 딱딱한 흙바닥입니다. 남편이 죽기 전에 생긴 아이인지 젖을 빨고 있는 갓난아이와 고만고만한 아이 둘이 있습니다.

엄마는 이틀 동안 아무것도 먹은 게 없습니다. 젖이 안 나와서 아기는 젖을 비비 틀어가며 빨아댑니다. 이 엄마는 숯을 만들어서 파는데, 요 며칠 숯이 팔리지 않는다고 합니다. 다 형편이 그 모양인데 누가 숯을 산단 말인가요. 지나다니는 사람도 없는 곳에서.

그저 죽지 않을 만큼 주는 구호 식량에 의지할 뿐. 가축 없는 이 유목민들의 삶은 아무 의미 없는 삶입니다.

다음날, 다행히 식량 배급차가 도착해 에꾸아무는 가까스로 죽음을 면했습니다. 언제까지 이 아이들이 이렇게 살아야 할까요? 방바닥에 굴러다니는 단돈 1백 원이면 한 끼를 배불리 먹일 수 있는데.

바로 지금 이 순간에도 지구상에서는 4초마다 한 명의 아이가 전쟁과 기아로 죽어가고 있고, 매일 3만 5천 명의 아이들이 먹을 것이 없어 죽거나 전쟁터의 총알받이가 되고 있습니다. 그리고 2억 5천 명의 아이들이 고된 노동에 시달리고 있습니다. 언제까지 이 아이들을 고통받게 해야 할까요?

세계 인구를 1백 명으로 축소시키면 50명은 영양부족, 20명은 영양실조이며, 그중 한 명은 굶어죽기 직전인데 15명은 비만이다.

슬픈 대륙의 여자와 아이들

헤밍웨이의 소설 《킬리만자로의 눈》으로 유명한 킬리만자로산이 우뚝 서 있는 케냐에는 수많은 부족이 살고 있습니다. 아프리카 흑인 특유의 피부색과 복장을 한 이들은 거의 예외 없이 질병과 기아로 고통받고 있습니다. 특히 오지에 사는 부족들은 먹을 것도 없는 갈라진 들판 한가운데서 굶어죽지 않으면 짐승들의 먹이가 되기 일쑤입니다. 하루에도 몇 명씩 아이들이 굶어죽어가지만, 그들은 죽은 아이를 안고 울 뿐입니다. 그러면서 그들은 생각합니다. 죽음은 인간이 어떻게 할 수 있는 일이 아니라고.

'케냐'라는 나라 이름의 어원에 대해서는 여러 가지 설이 있지만, '타조의 산'이란 뜻의 '키니야'에서 유래되었다는 설이 유력합니다. 산봉우리에 쌓인 흰 눈과 검은 바위산의 대조가 타조 머리처럼 보이기 때문에 붙여진 이름입니다.

신이 창조한 아름다운 타조의 산이 굽어보는 이 나라는 지금 에이즈로 거의 초토화되다시피 했습니다. 그 배경에는 비인간적인 케냐의 관습이 자리잡고 있습니다. 그 관습은 여성의 인권을 유린함은 물론 에이즈 바이러스를 전파시키는 주범 역할을 하고 있습니다. 그것은 다름 아닌, 남편을 잃은 여성이나 부모가 돌아가신 딸을 신성하지 못한 존재로 여겨, 미망인이 장례식에 참석하거나 재혼을 하기 위해서는 소위 '악령 청소부'라고 불리는 마을의 남자와 성관계를 맺어야 한다는 것입니다. 참으로 어처구니없는 일이 아닐 수 없습니다.

케냐의 수도 나이로비에서 북서쪽으로 자동차로 아홉 시간 떨어진 마을에 사는 아카차라는 남자는 평소에는 특별히 하는 일이 없습니다. 입에선 언제나 고약한 술냄새가 풍기고, 지저분한 옷에다 턱수염에는 먹다 남은 음식 찌꺼기까지 매달려 있는 건달에 불과합니다.

하지만 그는 마을의 오랜 전통에 의해 세상에 유례 없는 나쁜 직업을 갖고 있습니다. 남편이 죽은 미망인, 부모가 죽은 처녀들과 잠자리를 하는 대가로 돈을 받는 이른바 '악령 청소부'인 것입니다. 마을에선 남편이 죽으면 그 영혼이 아내에게 달라붙는다고 믿고 있습니다. 그래서 그 악령을 몰아내야 하는데, 그 방법은 그 미망인이 다른 남자와 성관계를 맺어야 한다는 것입니다.

미망인이 '악령 청소'를 하지 않으면 남편 장례식에도 참석할 수가 없습니다. 부모가 죽은 뒤 딸이 재산을 상속받기 위해서도 악령 청소부와 잠자리를 가져야만 합니다. 반항하면 사람들로부터 매를 맞거나 재산을 빼앗깁니다. 마을 노인들이 악령 청소가 이루어지지 않으면 마을이 저주를 받거나 농사가 흉작이 된다고 믿기 때문입니다.

이러한 악습은 케냐뿐 아니라 나이지리아, 우간다, 세네갈, 가나, 앙골라, 콩고, 탄자니아, 코트디부아르 등에도 남아 있습니다. 아프리카 국가들에서 아직도 계속되고 있는 이 같은 관습이 에이즈를 퍼뜨리는 큰 원인이 되고 있습니다. 문제는 악령 청소부들은 에이즈 검사를 받는 경우가 거의 없을 뿐 아니라, 그들이 여자와 관계를 맺는 것이 일종의 성스런 의식처럼 여겨져 콘돔을 절대 사용하지 않는다는 것입니다.

아프리카가 에이즈로 고통받고 있는 것은 새로운 이야기가 아닐지도 모릅니다. 이제는 너무 많이 들어 모두가 둔감해졌을 정도입니다. 하지만 고통받는 당사자들에게는 결코 둔감한 이야기가 아닙니다. 워싱턴 포스트지에도 실린 적이 있는 열세 살의 오몬데이와 열한 살의 몰리 남매 이야기가 있습니다.

케냐 빈민촌인 이스트 캉간에 사는 오몬데이 남매는 한 달 간격으로 부모를 잃었습니다. 둘 다 에이즈 때문입니다. 남매가 어머니 시신을 땅에 묻기도 전에 친척과 마을 사람, 걸인들까지 몰려들어 부모의 유산으로 성대한 장례 축제를 치렀습니다. 그것이 케냐의 전통이기 때문입니다. 이런 상황을 우려해 아버지는 장례를 치르지 말라고 유언했지만 굶주린 조문객들은 다 먹어치우고 어린 오누이에게 땅콩 한 자루만 남겨두었습니다.

큰아버지는 침대 매트리스까지 챙겨 갔습니다. 죽은 자의 형제가 재산을 물려받는 관습 때문입니다. 하루 평균 생활비가 20센트(240원)밖에 안 되는 이 마을에서 1981년부터 재산 상속은 형제가 아닌 자식이 한다는 법이 생긴 것을 아는 사람은 아무도 없습니다. 에이즈로 고아가 된 조카만 다섯 명을 떠맡고 있던 이모는 일을 가장 잘하게 생긴 몰리의 작은 오빠 마크만 데리고 간 뒤 연락을 끊었습니다.

이후 몰리 남매는 뼈만 앙상한 두 팔로 잡초를 뜯어먹으며 겨우 살아왔습니다. 열 달 동안 목욕 한 번 하지 못했습니다. 맨발로 45분을 걸어서 학교에 가봐야 옥수수 한 톨 얻어먹기 힘이 듭니다. 전교생 4백 명 중 1백여 명이 에이즈 고아이며, 학교 재정은 몇 년 전에 이미 바닥이 났습니다.

몰리는 최근 자폐증 증세까지 보이고 있습니다. 오몬데이는 얼마 전 먼지만 가득한 집 기둥에 손톱으로 이렇게 낙서를 했습니다.

'신은 계신가요? 천국은 어디인가요?'

유엔 보고서에 따르면 케냐, 앙골라 등 사하라 이남 지역에는 오몬데이 남매 같은 에이즈 고아가 1천6백만 명이 넘습니다. 유엔아동기금(유니세프, UNICEF)의 담당자는 이렇게 말합니다.

"두 남매가 아직 어린이 매춘이나 범죄 조직에 빠져 부모처럼 에이즈로 죽어가지 않는 것만으로도 행복한 편이다."

1963년 케냐는 1백 년 가까이 계속돼온 영국의 식민 통치에서 해방되었습니다. 하지만 케냐 정부는 그 다음에도 영국 군대의 케냐 주둔에 합의했고, 그후 케냐 여성들은 최근까지도 영국군에 의해 집단으로 강간을 당해왔습니다.

"영국군은 강간을 여가 활동으로 여기는 것 같다."

40년 동안 영국군에게 상습적으로 강간을 당해온 케냐 여성들의 고통에 찬 증언입니다. 영국군 훈련 기지가 있는 동부 이시올로 지방의 마사이족 출신 여성들은 영국 정부가 자국 군인들의 짐승 같은 범죄를 잘 알면서도 조직적으로 은폐해왔다고 절규하고 있습니다. 1999년 11월부터 2000년 3월까지 넉 달 동안 레키지 마을 근처에서는 보고된 것만 모두 27번의 강간이 저질러졌습니다.

이 같은 범죄는 최근 BBC 방송과 가디언지 등 영국 언론을 통해 밝혀졌고, 변호사의 도움을 받아 피해 여성들이 진상 파악과 보상을 요구하고 나섰습니다. 현재 소송에 참여하겠다고 밝힌 여성은 650명이 넘습니다.

일부 영국인들은 적반하장격으로 케냐 여성들이 보상금을 노리고 거짓말을 한다는 의심의 눈길을 보내고 있습니다. 하지만 이미 수백 명이 경찰과 병원에서 발급한 진단서를 갖고 있습니다. 게다가 남성 중심의 케냐 사회에서 여성이 강간 당한 사실이 알려지면 가족은 물론 부족으로부터도 철저히 매장된다는 사실을 안다면 피해자들의 고통이 얼마나 큰지 이해할 수 있을 것입니다. 그럼에도 불구하고 영국 국방장관은 "지금으로선 헌병대가 몇 가지 유사 사건을 조사중이라는 것밖에는 밝힐 수 없다."고 파렴치한 발뺌을 하고 있습니다.

국제사면위원회의 칸 사무국장은 피해 여성들과 이러한 폭행의 결과로 태어난 아이들은 지난 40년 동안 이웃들의 비난, 차별, 추방에 시달려왔다고 말합니다. 그리고 오랜 시간에 걸쳐 수많은 강간 사건들이 조사되지도, 처벌받지도 않았다는 사실은 영국군의 야만성을 여실히 보여준다고 말하고 있습니다.

현재 케냐의 여성 단체들은 여성의 인권을 유린하는 '악령 청소'의 악습을 없애기 위해 투쟁하고 있으며, 열두 명의 케냐 여성들은 영국 군

이 아이들에게도 뛰는 심장과 꿈이 있다. 이들이 전쟁 사망자 통계의 숫자가 되어선 안 된다.

인에 의한 강간 피해자들을 대신해 영국 최고 위원회에 탄원서를 제출했습니다. 그리고 케냐 대통령은 에이즈를 국가적 재앙으로 선포했습니다. 에이즈가 만연하고 있는 아프리카 국가들 중 이 질병을 국가적 재앙으로 선포하기는 케냐가 처음입니다. 모이 케냐 대통령은 범국가적 에이즈 예방 캠페인을 주도할 기구를 즉각 창설하고, 케냐의 모든 학교와 대학에서 에이즈 교육을 시키라고 지시했습니다. 그렇지 않으면 국가 전체가 멸망하고 말 것이기 때문입니다.

케냐 서부의 중소도시 엘도렛에서는 수천 명의 여성들이 최근 '바지 입기' 궐기 대회를 열었습니다. 바지가 시위 대상이 된 이유는 이 도시에서 바지 차림의 여성 수십 명이 잇달아 폭행당하는 일이 벌어졌기 때문입니다. 일부 여성은 심지어 대로에서 발가벗겨지는 수모를 당하기도 했습니다.

특히 바지 입은 여성들을 폭행한 혐의로 체포된 스물세 명의 남성들이 아무 처벌도 받지 않고 모두 풀려나면서 여성들의 분노는 폭발했습니다. 이 가녀린 여성들은 인권 유린에 저항하기 위한 상징으로 바지 입기를 주장하고 나선 것입니다.

이런 작은 변화들이 '타조의 산'에 불어오는 희망입니다. 그 작고 푸른 싹들이 킬리만자로의 봄을 알리고 있습니다. 킬리만자로의 표범이 깨어날 때가 된 것입니다.

얼마 전 케냐의 마사이족은 9·11테러를 겪은 미국인들을 위로하기 위해 소 열네 마리를 미국으로 보냈습니다. 수도 나이로비에서 서쪽으로 1백 킬로미터 떨어진 이누센이란 마을에 사는 이 원주민들은 미국에서 끔찍한 테러가 발생했다는 소식을 뒤늦게 알고는 위문품으로 자신들이 아끼는 소를 내놓은 것입니다.

바깥 세상의 일을 알 길 없던 이 마을 사람들은 미국 스탠포드 의과대학에서 유학하다 최근 귀국한 마사이족 출신의 청년으로부터 9·11테러 소식을 처음으로 들었습니다. 처음에는 허무맹랑한 소리로 여기던 마을 사람들은 테러 사건으로 3천 명이 한꺼번에 죽었다는 얘기를 듣고는 미국인들이 겪고 있는 아픔을 자기 일처럼 여기기 시작했습니다. 결국 마을의 어른들은 마사이족이 가장 소중히 여기는 세 가지, 즉 아이와 땅과 소 중 하나인 소를 내놓기로 하고 열네 마리의 소에게 축복을 내린 뒤 미국으로 보냈습니다.

9·11테러 때문에 3천 명이 목숨을 잃었지만, 케냐에서는 에이즈로 78만 명이 숨졌고, 현재도 190만 명이 죽음을 기다리고 있습니다. 이들에게 우리는 무엇을 보내줘야 할까요? 어쩔 수 없는 일이라 여기고 이들의 고통을 모른 체해야 할까요? 그들이 슬픔에 잠긴 미국인들을 위로했던 것처럼, 그들의 아픔을 우리 자신의 아픔이라 여기면 안 될까요?

〈내 친구의 집은 어디인가〉를 만든 이란의 영화감독 압바스 키아로스타미는 내가 좋아하는 감독입니다. 그가 만드는 작품들에는 저마다의 가슴을 적셔오는 잔잔한 인간애가 담겨 있습니다. 키아로스타미 감독은 유엔국제농업개발기금(IFDA)로부터 아프리카의 수백만 고아들에 대한 영화를 만들어달라는 팩스 한 장을 받습니다. 어린이를 위한 영화를 오랫동안 제작해온 그는 영상 기록을 위해 미니 DV 카메라를 손에 들고 아프리카로 여행을 떠납니다. 이런 시도는 그대로 영화가 되었으며, 기록된 영상들은 인상적인 아프리카 방문, 여행, 그리고 생존을 위해 투쟁하는 사람들에 대한 사실적인 기록이 되었습니다.

키아로스타미는 아프리카에서 열흘 간 병원, 학교, 마을 고아원을 방문해 에이즈와 내전으로 부모를 잃은 고아들의 눈물과 웃음, 비극, 고통스런 삶을 기록합니다. 그리고 자신이 방문한 우간다에서 2천2백만 인구 중 2백만 명이 에이즈로 고통받고 있으며, 2백만 명이 이미 사망했고, 160만 명의 고아들이 있다는 사실을 알게 됩니다. 하지만 그곳에서도 여전히 삶은 계속되고 있습니다. 굶주림과 질병, 가난에도 불구하고 아이들은 카메라 앞에서 노래를 하고 장난을 치고 춤을 춥니다.

아랍 출신의 키아로스타미 감독에게 아프리카는 생소한 곳입니다. 그는 자신이 아프리카에 대해 아는 것이 거의 없다고 솔직하게 고백합니다. 그래서 그는 객관성을 유지하며 그들의 삶을 기록하는 증인 역할을 합니다. 그의 카메라는 고통스런 현실과 함께 눈물과 슬픔, 음악과 고요, 삶과 죽음, 기아와 질병과 영양실조로 고통받는 아이들의 참담한 실상과 이를 돕는 한 여성 단체의 노력을 충격적인 영상으로 담아냅니다. 그러나 궁극적으로는 웃음과 서정적인 아름다움, 미소짓는 얼굴들, 그리고 거리에서 학교 운동장에서 음악과 함께 춤을 추는 아이들로 가득한 '희망'을 그린 영화입니다.

화면에 가득 비치는 아이들의 표정은 싱싱합니다. 카메라를 보고 장난감을 만난 듯 즐겁게 따라다니는 모습은 세계의 여느 아이들과 다를 바 없습니다. 그것이 압바스 키아로스타미의 영화 〈ABC아프리카〉가 우리에게 보여주는 희망입니다. 잔인한 내전과 질병으로 무수히 죽어가면서도 이들은 여전히 행복을 기대하고 있습니다. 고통 속에서도 변함없는 삶에의 의지를 갖고 생명에의 경외감을 아이들은 노래하고 있습니다. 이 영화를 보고 나면 누구나 이 아이들을 돕고 싶다는 생각이 드는 것은 어떤 고통과 슬픔을 겪더라도 변함없이 살아가는 그들의 삶에 대한 존경 때문입니다.

아프리카에서는 자기 몸의 반이나 되는 물통을 이고 30킬로미터도 넘는 길을 걸어오는 아이들을 흔히 만날 수 있다.
만일 내가 비라면 물이 없는 곳으로 가리라.

내 삶의 이유

한 여인이 있었습니다. 세상에서 일어나는 온갖 전쟁과 가난으로 고통받는 사람들을 보면서 그녀는 신에게 항의했습니다.
"왜 당신은 이 사람들을 위해 아무것도 하지 않는 건가요?"
그러자 신이 그녀에게 말했습니다.
"그래서 내가 널 보내지 않았는가?"
나는 가끔, 내 삶은 왜 이다지도 느리게 흘러가는 걸까, 하고 생각하곤 합니다. 내가 그려내고 있는 드라마 속의 인물이 나를 사로잡을 때 말고는, 그래서 내가 맡은 배역과 사랑에 빠질 때 말고는 그런 생각이 듭니다. 나는 연기자로서 40년 가까이 살아왔습니다. 그 40년 동안 내가 진정으로 사랑에 빠진 드라마, 영화, 연극은 그리 많지 않습니다. 나머지 시간들은 대부분 느린 슬로 모션이었습니다. 빨리 빨리 돌려버리고 싶을 정도로.
지금의 이 삶이 잠깐 동안의 여행이라면 나는 여행지를 잘못 잡은 것 같습니다. 천상병 시인은 '나 하늘로 돌아가리라. 아름다운 이 세상 소풍 끝내는 날. 가서 아름다웠다고 말하리라'고 썼지만, 나는 '전 좀 지루했어요. 아주 작은 것들이 저를 행복하게 할 때도 물론 있었지만……' 하고 말할 것 같습니다.

산다는 것은 참으로 이상합니다. 사람들은 나를 뛰어난 연기자, 한국의 여인상, 어머니상, 언제나 사람들의 관심 속에서 살고 화려한 조명 속에서 평생을 살아온 여자, 행복한 사람, 그렇게 생각합니다. 그렇습니다. 난 행복합니다. 마음속 어딘가에 끝 모를 허무감만 없다면! 나는 누구인가, 왜 이곳에 있는 걸까를 끊임없이 묻고 있지만 않다면!

누구나 그렇듯이, 남이 보는 나와 내가 보는 내가 그만큼 다를 때가 많습니다. 그런데 언제부턴가 내가 왜 이곳에 있는가, 왜 살고 있는가를 어렴풋이나마 알게 되었습니다. 왜 사는지도 모르고, 그러니까 생의 계획 같은 것도 없는 나를 이곳까지 오도록 손잡아준, 그래서 왜 내가 존재해야 하는가를 순간순간 일깨워준, 너무나도 많은 것을 베풀어준 신에게 감사드립니다.

해마다 나는 세상의 고통받는 아이들을 만나기 위해 수십 시간씩 비행기를 타고, 공항에서 새우잠을 자면서 다음 비행기를 기다리고, 장거리 흙길을 엉덩방아를 찧으며 달리고, 6인승 프로펠러 비행기를 타고 곡예하듯 사막을 넘곤 했습니다.

다 말라버린 강바닥 주위로 짐승들의 뼈가 즐비하고, 이제 막 전쟁이 끝나 벽이고 전봇대고 온통 총알구멍 투성이인 곳을 소형버스를 타고 지나가기도 했습니다. 그러면서 생각했습니다. 왜 저렇게 총을 많이 쏘아댔을까? 저 정도 총알이면 땅바닥을 기어가던 개미들까지 다 죽었을 텐데. 그리고 이곳엔 아이들이 있는데도 어떻게 저렇게 촘촘히 총알을 퍼부을 수 있었을까? 공포에 질린 아이들의 커다랗게 열린 눈동자가 내 얼굴을 획획 스쳐 지나가는 것 같았습니다. 슬픈 영화의 한 장면처럼.

전쟁의 가장 큰 희생자는 아이들과 여자들입니다. 가뭄으로, 지진으로 죽어가는 아이들은 또 얼마나 많은가요. 흙더미에 파묻혀 팔다리만 내놓고 죽은 아이들, 몇 년째 계속되는 가뭄으로 먹을 게 없어 바람 빠진 풍선처럼 늘어진 엄마의 텅 빈 젖을 비틀며 빠는 아이들, 그러다 기진해 축 늘어지는 아이들. 결국은 죽고 마는 아이들…….

뜨거운 태양과 함께 눈곱을 파먹는 파리들, 온통 더러운 길바닥이 있었습니다. 그곳에서 나는 지참금 때문에 딸을 낳으면 독초를 먹여 세상에 태어난 지 3일밖에 안 된 아이를 숨지게 해야 하는 비정한 엄마들을 보았습니다. 아버지가 진 50달러의 빚 때문에 노예가 되어 하루 종일 코코넛 껍질로 밧줄을 꼬고 잎담배를 말아야 하는, 눈이 커다란 소녀들도 보았습니다. 먹을 게 없어 돌산에서 자라는 시금치 비슷한 풀을 뜯어먹고 입술과 얼굴까지 초록색으로 변한 아이들도 보았습니다. 그러면서도 손에는 여전히 그 풀을 움켜쥐고 있는 아이들을……. 네 살짜리 아이가 마대 같은 것을 들고 제 오빠와 함께 먹을 풀을 캐러 다니는 것도 보았습니다. 발이 시려워 엄지발가락을 잔뜩 꼬부리고서.

나는 삶에 대해 잘 모릅니다. 왜 살고 있는지도 모릅니다. 그리고 나 김혜자는 모두의 관심과 사랑을 받으며 잘살고 있는데, 왜 지구의 어느 곳에서는 아이들이 8백 원짜리 항생제 하나가 없어서 장님이 되어야 하고, 말라리아에 걸려 누워 있는 아빠의 배 위에서 갓난아이가 굶어 죽어

구호의 손길에서 방치되었던 아프가니스탄의 아이들은 낯선 사람들을 경계의 눈초리로 바라보거나 도망가곤 한다. 따뜻한 도움에 익숙하지 않기 때문이다. 차라리 배가 고프다고 울거나 보챘다면 나는 덜 가슴 아팠을 것이다.

가야 하는지를 잘 모르겠습니다. 내 머리로는 이 엄청난 불평등을 이해할 수 없습니다. 그리고 내가 믿는 신은 왜 그것에 대해 침묵하고 있는 걸까요?

그 몸서리쳐지는 비극의 현장과, 나도 모르게 눈물이 뒤범벅이 되는 고통스런 세상에서 벗어나 한국으로 돌아오면, 이곳에는 또 아무 일이 없습니다. 마치 이곳은 같은 지구 위에 있는 나라가 아니라 완전히 다른 세상처럼 느껴질 때가 많습니다. 호텔 레스토랑에서 어떻게 하면 우아하게 접시에 담아서 맛있게 먹을까를 생각하고, 군살이 찌지 않게 수영을 하고, 아무 일도 없었던 듯 살아갑니다. 그리고 밤이면 서른 개가 넘는 채널을 돌리며 텔레비전을 봅니다. 그러다가 문득 어느 채널에선가 붉은 아프리카 땅이 화면 가득 나타납니다. 인도의 아이들이 온통 눈밖에 없는 것 같은 얼굴을 하고 화면 속에서 내게 말을 겁니다.

'왜 우릴 만나러 오지 않나요? 그새 우릴 잊었나요? 우리가 여기서 이렇게 죽어가고 있는 걸 잊기로 했나요?'

그렇습니다. 어떤 때는 정말로 잊고 싶을 때도 있었습니다. 자신의 의지와는 상관없이 왜 죽어야 하는지도 모르고 가난과 굶주림 때문에 숨져가는 아이들을 보면서 나는 정말로 신이 존재하는가에 대해 의심했습니다. 정말 신이 사랑이라면, 어떻게 이런 일이 일어날 수 있을까 고개를 젓곤 했습니다.

아프리카의 갈라질 대로 갈라진 붉은 신작로를 바라보며 내가 그런 의문을 던지자, 어떤 목사님이 말했습니다.

"이 모두가 하느님의 뜻입니다. 그분의 뜻을 인간인 우리는 알 수 없습니다."

그 말을 들으면서 나는 생각했습니다.

'목사님은 참 좋겠다. 그렇게 간단히 이해할 수 있으니까.'

아프리카에 갈 때마다 듣는 주의사항은 아이들을 껴안지 말라는 것입니다. 아이들과 접촉하는 것을 되도록 삼가라는 것입니다. 아이들을 만지고 나면 얼른 손을 씻어야 합니다. 병균이 옮을 가능성이 있기 때문입니다. 하지만 그 아이들은 안기는 걸 좋아합니다. 나 또한 그 앙상한 아이들을 안을 때 슬프고도 행복합니다.

2003년 3월 26일 13시 비행기, 이번 일정은 싱가폴을 거쳐 인도 첸나이 근처에 가서 아동 노동현장을 둘러보고, 월요일과 목요일에만 운항하는 비행기로 벨기에 브뤼셀에서 세계 174개국 중 가장 가난한 나라인 서아프리카의 시에라리온이라는 나라의 수도 프리타운으로 가는 것으로 짜여져 있습니다. 그 나라의 유일한 자원인 다이아몬드 광산에서 노동력을 착취당하고 있는 아이들을 만나기 위해서입니다.

떠나기 전에 황열병 주사를 맞아야 한다는 말을 듣고, 내가 이 아이들을 만나러 다닌 지 올해로 10년이 넘었다는 걸 실감했습니다. 황열병은 원숭이, 쥐 등에 서식하는 바이러스를 모기가 감염시키고, 고열, 요통, 현기증, 쇠약, 구토 증상을 일으키는 심한 악성 열병입니다.

맨 처음 에티오피아에 갈 때 황열병 주사를 맞으면서 약효가 10년이라는 설명을 들었습니다. 그리고 주사를 맞았음을 증명하는 노란색 카드를 받았었습니다. 그런데 이제 그 10년이 지났기 때문에 또다시 주사를 맞고 노란색 카드와 말라리아 약을 갖고 비행기에 올라탄 것입니다.

　서울에서 인도 뭄바이까지 여덟 시간, 뭄바이에서 벨기에까지는 아홉 시간, 그리고 벨기에에서 시에라리온까지는 다시 아홉 시간이 걸리는 먼 여정입니다. 나는 비행기 좌석에 앉자마자 새처럼 몸을 부비작거리며 잠을 청합니다. 눈을 뜨면 나는 또다시 아프리카에 있게 될 것입니다.

꽃으로도 때리지 말라

'시에라'는 산이라는 뜻이고, '리온'은 사자라는 뜻입니다. '사자산'이라는 이름은 15세기에 포르투갈 사람들이 처음 들어왔을 때 해안의 산에서 들리는 천둥소리가 사자소리 같아서 지어진 이름이라고 합니다.

비행기에서 내리자 잔뜩 달아오른 지열이 훅하고 얼굴에 밀려왔습니다. 뜨거운 양철 지붕 위의 고양이가 이런 기분이겠다 싶었습니다. 마침 건기의 절정이라서 내 입 속의 침 말고는 공기 중 어디에도 수분이란 없는 것 같았습니다. 인도를 거쳐 오느라 가뜩이나 메말라버린 피부에 그나마 남아 있던 윤기가 금방 달아났습니다. 얼굴이 알려진 유명 연기자의 품위 따위는 후텁지근한 날씨 때문에 맥을 출 수가 없었습니다.

갈아타는 시간 빼고 꼬박 24시간 비행기 안에서 먹고 자고, 먹고 자고를 반복해야만 했습니다. 아프리카 어느 부족의 여인은 뚱뚱해야 미인이기 때문에 우리에 가둬놓고 몇 날 며칠 먹을 것을 주어 뚱뚱해진 다음에 왕비로 삼는다는데, 그 얘기가 생각날 정도였습니다. 공중에 뜬 돼지 같다는 생각을 하며 먹고 자고 한 뒤, 마침내 이름도 멋진 이 나라의 수도 프리타운 공항에 도착한 것입니다.

바늘 쌈지에 꽂힌 바늘처럼 눈을 찌르고 들어오는 강렬한 햇빛 때문에 한 손으로 얼굴을 가리고 비행기 트랩을 내려오는데, 하얀 드레스에 하얀 스카프를 머리에 두른 흑인 소녀가 밑에서 기다리고 있다가 공손히 꽃을 내밉니다. 온통 벌거벗고 있어도 시원찮은 날씨에 소녀는 나를 환영하기 위해 발목까지 오는 희다 못해 푸른 기가 도는 두꺼운 흰색 드레스를 입고 기다리고 있었습니다. 바람 한 점 통할 것 같지 않은 옷입니다. 게다가 비행기가 두 시간이나 연착을 했으니 아이는 그 옷을 입고 꽃을 든 채 마냥 기다렸을 테죠. 뜨거운 열기에 꽃은 이미 시들어 있었습니다.

꽃은 이곳의 족장이 고르고 골라 이제 곧 첫 생리가 시작되기 직전에 있는 순결한 처녀를 뽑아 최고의 경의를 표하는 것이라고 마중 나온 시에라리온 월드비전 직원인 앤이 설명해주었습니다. 앤은 마사이족 출신의 흑인 여성으로, 얼굴이 잉그리드 버그만을 빼닮았으며, 당당하고 품위가 있습니다.

마치 여왕에게 바치듯 말할 수 없이 공손하게 건네주는 꽃을 받는데, 이틀 동안의 비행에 지칠대로 지친 내 후줄근한 꼴이 미안할 정도입니다. 하지만 또 한 번의 비행이 남아 있습니다. 공항에서 막사까지 가려면 오목하게 들어온 바다를 건너야 하는데, 다리가 놓여 있지 않아서 차를 타면 다섯 시간이나 돌아가야 합니다. 그래서 마을버스처럼 헬기가 다니고 있습니다. 헬기를 타기 위해 두 시간이나 뙤약볕에서 수속을 밟아야 했습니다. 그러나 정작 헬기를 타자 목적지까지는 10분밖에 걸리지 않았습니다. 정말이지 10분 이상 걸렸다면 나는 그 헬기 안에서 숨을 거뒀거나, 아니면 공중에서 뛰어내렸을 것입니다. 에어컨 장치가 없는 헬기 안은 말 그대로 불 위에 올려진 압력밥솥 그 자체였습니다.

헬기에서 내려 지프를 타고 울퉁불퉁한 흙길을 달려 막사에 도착했습니다. 이 나라의 문제는 아동 노동보다는 10년 동안의 내전이 갖다준 후유증입니다. 죽기살기로 계속 싸우는 이들을 방치할 수 없어 유엔이 개입해 2년 전에 전쟁이 끝났습니다. 오랜 전쟁으로 건물은 모두 파괴되고, 그 건물에 사는 사람들의 인간성도 다 파괴되었습니다. 거기에 시에라리온의 비극이 있습니다.

아프리카의 많은 나라들이 내전과 부족간의 전쟁으로 이루 말할 수 없이 파괴되었다는 것은 널리 알려진 사실입니다. 가뜩이나 가난한 나라들은 피폐해질 대로 피폐해졌습니다. 여러 가지 원인이 있겠지만, 나는 간단히 이렇게 이해하고 있습니다. 유럽의 강대국들이 신대륙 아메리카와 아시아 등지로 식민지의 손길을 뻗어나가기 시작하면서 아프리카도 그 희생자가 되었습니다. 영국, 프랑스, 벨기에, 포르투갈 등이 자신들의 이익을 찾아 검은 아프리카 대륙 속으로 깊숙히 손을 찔러넣었습니다. 그리고 영토를 차지하고, 그곳 원주민들에게 영어와 프랑스어 등 전혀 다른 언어를 강요했습니다.

문제는 2차 세계대전이 끝나면서 더욱 심각해졌습니다. 식민지 국가들이 독립을 위해 싸우기 시작하자, 강대국들은 자기들끼리 나눈 경계선에 따라 아프리카 국가들을 독립시켰습니다. 그 경계선 안에 사는 흑인들이 사실은 문화와 역사가 전혀 다른 부족들이라는 사실을 무시한 것입니다. 유럽인들의 눈에는 얼굴이 새카만 흑인들이 다 똑같이 보였지만, 그들 중에는 오랜 세월 동안 적대적으로 살아온 부족들도 있었습니다. 이들을 임의대로 한 나라 안에 묶어놓자, 권력을 차지하려는 부족의 지도자들 사이에 다툼이 끊이지 않게 된 것입니다. 그것의 주된 희생자들은 아무 죄 없는 평범하고 가난한 사람들이었습니다.

시에라리온의 유일한 자원은 다이아몬드 광산입니다. 물론 광산의 소유주는 대부분 부자 나라 사람들입니다. 돈이 있는 곳에 다툼이 있을 수밖에 없어서, 영국령에서 해방되고 얼마 안 돼 정치는 점점 부패하고, 곧이어 쿠데타가 일어났습니다. 그리고 쿠데타로 인해 손해를 본 세력이 또 다른 사람들을 시켜 전쟁을 일으켰습니다. 그리고 그것이 끊임없이 반복되었습니다. 그래서 이제 이 나라 사람들은 왜 싸우게 되었는지, 누굴 위해서 싸우는지조차 모르는 채 10년 동안 전쟁을 계속해 왔습니다. 한반도의 3분의 1밖에 안 되는 나라에서 10년 동안 죽고 죽이는 일밖에 한 게 없는 것입니다.

2년 전 전쟁이 종식되고 대통령과 부통령을 뽑았지만, 너무 망가져 버린 나라 앞에서 누구도 속수무책이었습니다. 이곳에서도 불쌍한 것은 아이들과 여자들입니다. 시에라리온에 도착한 이튿날 집무실에서 만난 부통령은 이 먼 곳까지 유명한 배우가 직접 찾아와준 것만으로도 진심으로 감사하다는 말을 몇 번이나 했습니다. 대통령이 마침 외국 순방중이어서 자신이 대신 나를 맞이하게 되었다고 설명하면서 그는 어디서부터 손을 써야 할지 너무나도 막막하다며 도와달라고 부탁했습니다. 시에라리온의 텔레비전 방송국에서 우리의 대담 장면을 녹화했습니다. 얼

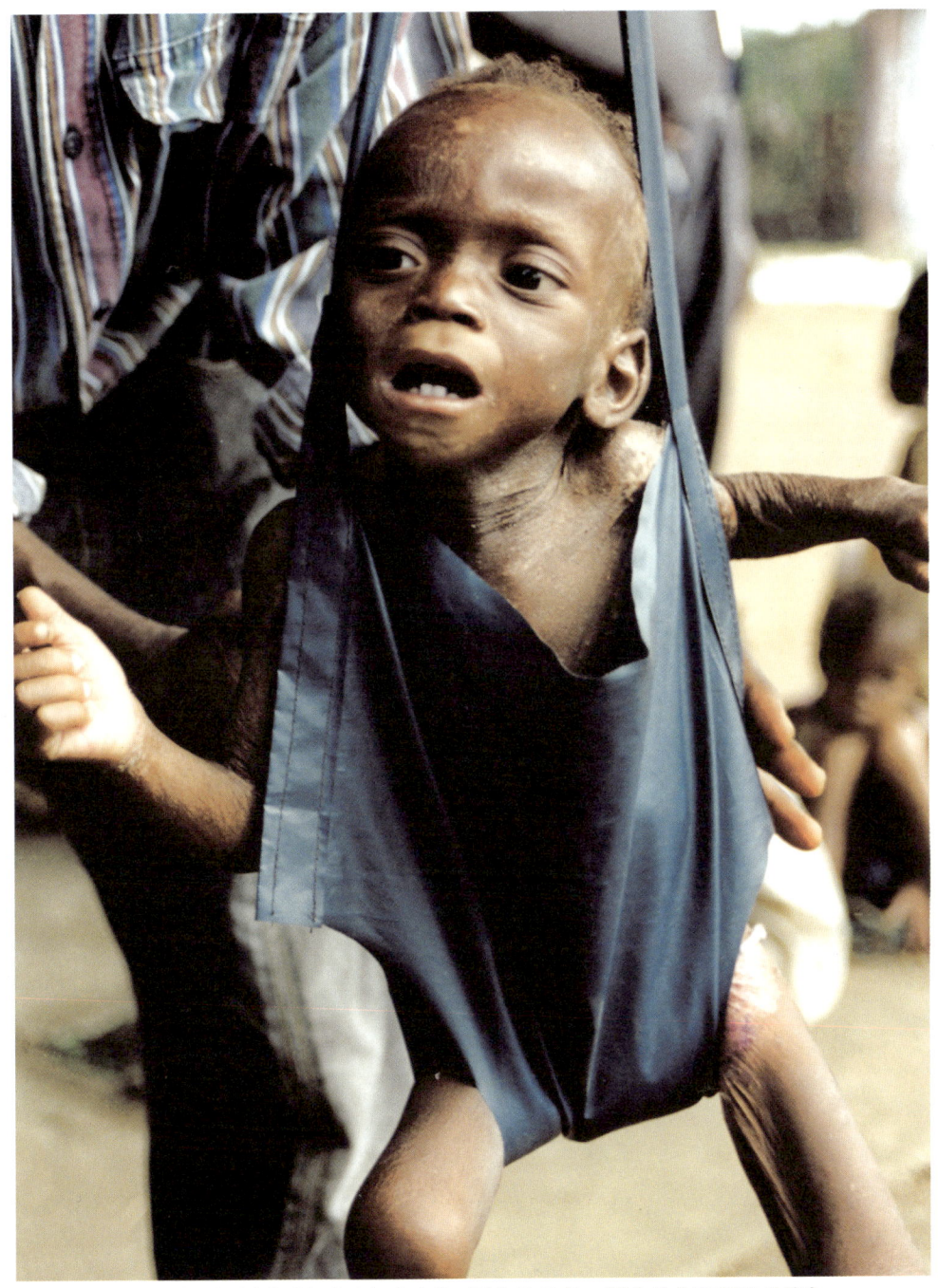

땅에 내려놓아도 발자국이 생기지 않을 것 같은 이 아이는 '영양 실조'라는 팻말을 목에 걸어주어야 한다.
신은 왜 아프리카를 만들었을까. 이렇게 모른 체할 것이라면.

마나 막막하면 한 나라의 부통령이라는 사람이 나 같은 힘없는 여자에게까지 도움의 손길을 요청할까 하는 생각이 들었습니다.

지금은 세계의 시선이 온통 이라크전에 집중되어 있어서 아무도 시에라리온에 신경쓰지 않는다고 부통령은 설명했습니다. 전쟁도 부자 나라와 해야 관심의 대상이 되는 세상입니다. 이 나라의 미래는 어린이들에게 달려 있으니 꼭 도와달라고 그는 다시 한번 당부했습니다. 품위 있고 올바른 분이라는 느낌을 받았습니다.

이 나라는 아프리카에서 유일하게 가뭄이 없고 땅이 비옥해 지도자만 잘 만나면 세계적인 관광지로 발전할 수 있는 나라입니다. 수도 프리타운은 끝도 없이 펼쳐진 대서양을 끼고 있고, 노란 수선화 같은 꽃들이 큰 나무에 피어 있습니다. 그리고 이름 모를 진분홍색 꽃나무들이 해변가를 따라 끝없이 줄지어 아름답게 피어 있습니다. 해변의 모래는 또 얼마나 고운지……. '자유의 도시'라는 뜻의 수도 프리타운은 19세기 노예해방 때 풀려난 노예들이 거추장스러워 대서양 어디쯤에 풀어놓은 뒤 붙여진 이름으로, 그들이 이곳에 본래 살던 원주민들과 섞여서 이루어진 나라입니다.

부통령과의 만남을 가진 뒤 유엔에서 배려해준 헬기로 한 시간 정도 비행해서 동남부에 위치한 코노 지역에 도착했습니다. 이 지역은 내전 당시 격전의 중심지로, 10년 동안의 전쟁이 이곳을 쑥밭으로 만들어놓았습니다. 주민 대다수가 국내의 다른 지역이나 인근의 라이베리아와 기니로 피난을 가서 난민의 삶을 살아야 했습니다. 헬기에서 내리자마자 방금 기니에서 돌아온 난민들이 모인 곳으로 갔습니다.

먼저 온 사람, 또 피난 못 간 사람들이 뒤섞여 가족 상봉을 기다리고 있었습니다. 새벽 일곱 시부터 아이들에게 말라리아 백신 주사를 놓기 시작했다는데, 내가 오전 열한 시쯤 도착하자 배가 툭 튀어나온 아이들이 서로 자기도 맞았다고 팔을 내보입니다. 제대로 먹지 못하면 배가 푹 꺼지는 게 아니라 왜 임산부처럼 부풀어 오르는지 난 아직도 이유를 모르겠습니다. 배가 너무 고프니까 자꾸만 먹는 상상을 해서 헛배가 불러 버린 걸까요? 예외 없이 너도나도 헛배가 잔뜩 부른 아이들이 여기저기 기대 있거나 엄마 옆구리를 잡아당기고 있습니다. 그래도 하루 한 끼는 먹는지 장난치는 아이들도 보입니다.

세 시에 식량 배급이 있기 때문에 이곳은 매우 복잡합니다. 기다림에 지쳐 누워 있는 사람, 목젖을 내보이고 빽빽 우는 아이들, 피난 갔다온 사람들의 짐들로 온통 아수라장입니다. 그 짐들 중에는 침대 헤드도 있습니다. 그것이 도대체 뭐라고 피난길에까지 끌고 갔다가 다시 또 끌고 왔는지 이해가 안 됩니다. 침대는 없이 침대 헤드만 끌고 다니는 것입니다. 날은 미치도록 더운데.

이때 세 살쯤 된 남자아이가 아주 많은 말을 하는 눈으로 나를 쳐다봅니다. 이 아이 역시 헛배가 불룩합니다. 카메라를 대면 눈을 내리깔고, 카메라가 비키면 또다시 나를 향해 무엇인가를 말합니다. 이 나라 말인지 영어인지 도무지 못 알아듣는 내가 밉고 바보 같습니다. 눈물을 글썽이며 무엇인가를 열심히 호소하는데 나는 바보나 다를 바 없는 것입니다.

그래서 아이를 구석진 곳으로 데리고 가 안아주자, 아이의 눈과 내 눈이 하나가 되면서 아이는 모기 같은 소리로 "Give me eat!(먹을 것 좀 줘요)" 하고 말했습니다. 아, 잊을 수 없습니다. 어린 것의 그 간절한 눈동자를!

 이곳 직원의 설명으론 이 아이는 피난도 못 가고 이곳에서 부모를 잃고 형과 함께 사는 것 같다고 합니다. 형이래야 여덟 살쯤 되는 꼬마입니다. 여기서 오늘 식량을 나눠준다고 하니까 형과 함께 온 것입니다. 형은 어디로 갔는지 세 살쯤 된 이 아이는 허기를 참을 수 없어, 마치 내 몸에 새겨진 검은 문신처럼 내게 찰싹 안겨 그 커다란 눈으로 나를 바라보고 있습니다. 조를 힘도 없는지 그 한마디를 하고는 그냥 나를 바라보기만 합니다.

 그 아이만 먹을 걸 주는 건 안 될 일이지만, 직원에게 얼른 비스킷 한 봉지를 얻어 더 구석으로 데리고 가 아이가 입고 있는 때묻은 런닝 셔츠 안에 꼭꼭 싸매주었습니다. 그리고 이따가 저쪽으로 가서 형과 함께 먹으라고 말해주었습니다. 아이는 커다란 눈으로 알았다는 표시를 했습니다.

 내가 처음 아프리카에 가기 시작했을 때, 만나는 아이들마다 돈이나 먹을 것을 주는 내게 그 나라 관리들이나 함께 간 동료들이 그렇게 하지 말라고 몇 번이나 엄하게 주의를 주었습니다. 몇 해 전 어느 영국인이 처음 아프리카에 왔을 때 빈 손으로 왔던 것이 너무 마음 아파, 그 다음 번에는 초콜릿과 캔디를 트렁크로 하나 가득 갖고 왔다고 합니다. 그는 그것들을 나눠주다가 아이들에게 깔려서 죽었습니다. 절대로 아이들 앞에서 먹을 걸 꺼내면 안 된다고 사람들은 내게 단단히 주의를 줍니다. 꼭 단체를 통해 줄을 세운 뒤 질서 있게 나눠줘야 한답니다.

저녁에는 그곳 족장들이 주도하는 모임에 참석했는데, 전기도 없는 마을회관에서 어둠에 묻혀 새까만 얼굴들은 보이지 않고 하얀 이만 연신 도와달라고 외치고 있었습니다. 나는 그들에게 희망의 끈을 놓지 말라고, 그리고 내 가슴속에 이 나라 구석구석을 사진 찍듯 아로새겨 가서 내 나라 사람들에게 들려주겠다고밖에는 말할 수 없었습니다. 그러면 많은 분들이 도움의 손길을 내밀 것이라고.

이 생각 저 생각으로 밤잠을 설쳤습니다. 견딜 수 없이 덥기도 했지만, 마음이 너무 아팠습니다. 전쟁은 안 됩니다. 어떤 그럴싸한 이유를 붙여도 전쟁을 해선 절대로 안 됩니다. 아이들이 고통받기 때문입니다.

지금 세계는 미국과 이라크 전쟁에 관심이 집중돼 있습니다. 그것은 문제의 해결이 아니라 또 다른 시에라리온을 만드는 결과가 될 것입니다. 또 다른 아이들이 "Give me eat!" 하고 손을 내밀며 길거리를 방황하게 될 것입니다. "전쟁은 안 된다, 어떤 이유로도 전쟁은 안 된다, 꽃으로도 이 아이들을 때려선 안 된다."고 중얼거리며 잠이 들었습니다.

이 아이들은 이름이 있다. 그들은 이름 없는 존재가 아니다. 이 아이들은 얼굴이 있다. 그들은 얼굴 없는 존재가 아니다.

피의 다이아몬드

신의 축복이었던 다이아몬드 광산이 시에라리온에선 재앙이 되었습니다. 전쟁의 원인이 되었고, 이제 바닥이 나버렸다는 광산에선 아이들이 하루 종일 광주리에 흙을 떠다가 고여 있는 웅덩이에서 흔들어대고 있습니다. 그렇게 흔들면 다이아몬드 알맹이가 가운데로 모인다는 것입니다. 광산주는 물론 따로 있습니다. 아이들은 고인 물 속에서 계속 일을 해서 그런지 온몸에 좁쌀만 한 종기들이 바위에 따개비가 붙듯 다닥다닥 붙어 있습니다. 마치 내 몸에 종기가 난 것처럼 괴롭습니다. 차마 눈 뜨고 볼 수 없는 광경입니다. 고작 하루 한 끼 밥을 얻어먹으면서 중노동을 하고 있는 것입니다. 그래도 다른 할 일이 없으니까, 광산 곳곳 웅덩이마다 아이들이 올챙이떼처럼 바글바글합니다.

1972년 밸런타인데이에 시에라리온의 국립 다이아몬드 광산회사의 선별 공장에서 일상적인 작업이 진행되고 있었습니다. 갑자기 기술자와 공장 보안 책임자는 테이블 위에서 무엇인가 큰 것을 보았습니다. 처음엔 누구도 자신이 본 것을 믿지 못했다고 합니다. 그들은 더 자세히 보려고 테이블 위로 달려들었습니다. 그곳에는 계란 크기만 한 커다란 다이아몬드가 놓여 있었습니다. 저울에 급히 달아보니 무려 968.90캐럿이나 되었습니다. 그것은 세계에서 세번째로 큰 원석이며, 퇴적 광산에서 발견된 것 중에는 가장 큰 것이라고 합니다.

그것이 얼마나 중대한 발견인가를 깨닫고 나자 직원들은 엄중한 감시 하에 그것을 수도인 프리타운으로 보냈습니다. 대통령은 그 거대한 보석을 '시에라리온의 별'이라고 이름 붙였습니다.

시에라리온, 앙골라, 콩고 민주공화국 등 아프리카 3국에서 유혈 내전이 일어난 것은 우연의 일치가 아닙니다. 이 나라들은 모두 풍부한 다이아몬드 매장량을 갖고 있는데다, 반군 세력들이 무기를 사기 위해 다이아몬드를 캐내고 있기 때문입니다. 이들은 다이아몬드를 돈줄로 삼아 탱크와 소총, 군복, 맥주까지 구입하고 있습니다.

반군통일혁명전선이란 거창한 이름을 가진 반군들은 포로로 잡힌 사람들의 손가락, 손, 입술, 귀 등을 즐겨 절단하는 것으로 악명이 높습니다. 이들의 희생자 중에는 서너 살짜리 아기들까지 포함되어 있습니다. 현대사에서 가장 잔인한 사건으로 알려진 이 내전으로 약 20만 명이 사망했으며, 수만 명이 사지를 절단당하거나 정신적 상처를 입었습니다. 강간이 전국적으로 저질러졌고, 아이들이 병사로 동원되었습니다.

10년 전 반군이 내전을 시작했을 때, 이들의 숫자는 수백 명에 불과했습니다. 그러나 이들 반군이 다이아몬드 광산을 수중에 넣자, 이들의 숫자는 1만 5천 명으로 크게 늘어났습니다. 다이아몬드 거래는 무기 구입을 가능하게 해줄 뿐 아니라 이들의 영향력도 커지게 만들었습니다.

시에라리온에서 캐낸 다이아몬드는 이웃 나라 라이베리아로 옮겨진 뒤 유럽으로 흘러들어갑니다. 또한 반군혁명 세력이 생산한 다이아몬드 중 많은 양이 미국 뉴욕의 보석 가게들에까지 흘러들어가 우리나라에도 들어옵니다. 콩고 민주공화국의 내전이 지속되고 있는 이유도 그곳의 다이아몬드 매장량에 눈독을 들인 르완다와 우간다 군대가 몰려들었기 때문입니다. 다이아몬드는 또한 앙골라의 유니타 반군으로 하여금 무려 28년 동안 내전을 계속할 수 있게 해주었습니다.

모든 여성이 갖고 싶어하는 최고의 보석 다이아몬드는 이처럼 아프리카 사람들의 피와 눈물의 결정체입니다. 아프리카를 다니면서 다이아몬드가 모든 대학살의 주범이라는 사실을 알고 나서부터 나는 다이아몬드가 대단히 슬픈 보석이라고 생각하게 되었습니다. 그리고 그 이후부터 도저히 다이아몬드를 몸에 지니고 다닐 수가 없게 되었습니다. 그것은 누구라도 마찬가지일 것입니다. 그것에는 그곳 아이들과 여성들의 피가 묻어 있기 때문입니다.

합법적인 다이아몬드 거래의 경우에는 혜택이 아프리카의 가난한 나라들에 돌아가지만, 현재 전쟁이 끊이지 않는 지역에서는 다이아몬드가 오히려 치명적인 해가 될 수 있습니다. 반군들은 광산 지역을 차지하기 위해 끊임없이 전투를 벌이고, 그들의 수중에 들어간 다이아몬드는 대량 살상 무기로 바뀝니다.

다이아몬드는 넘쳐나는데 밥을 굶는 나라. 이 어처구니 없는 곳이 바로 아프리카입니다.

'피의 다이아몬드'가 현지인들에게 얼마나 피해를 줄 수 있는가는 손과 발이 잘린 시에라리온 사람들이 말해줍니다. 반군들은 공포감을 조성하고 주민들을 다이아몬드 광산 지역에서 몰아내기 위해 사람들의 손을 잘랐습니다. 이웃 나라 라이베리아는 아프리카 전역에 걸쳐 총기, 마약, 돈세탁과 연결된 다이아몬드 관련 범죄 활동의 중심지가 되었을 정도입니다.

사랑하는 사람에게 선물하는 다이아몬드가 시에라리온, 앙골라, 콩고에서 아이들의 손가락과 손을 자르는 데 도움을 주지 못하도록 해야 합니다. 최근 영국, 독일, 네덜란드 등지의 인권 단체들은 이렇게 외치고 있습니다.

"당신의 손가락에 끼어 있는 다이아몬드가 내전의 소용돌이 속에서 신음하고 있는 아프리카인들이 흘리는 고통의 피눈물이라는 걸 아는지요?"

지난 1975년 포르투갈에서 독립한 이후 내전으로 날을 지새고 있는 앙골라에서는 1992년부터 1997년까지 약 50만 명이 내전으로 목숨을 잃었습니다. 무엇보다 반군 단체가 다이아몬드를 팔아 사들인 최신 무기로 무장해 무차별 살상을 저질렀기 때문입니다. 반군 단체인 '앙골라의 완전 독립을 위한 국민연합'이 내전 기간 동안 다이아몬드 밀거래를 통해 벌어들인 돈은 모두 37억 달러에 이릅니다. 더욱 끔찍한 일은 그들이 구입한 무기들 가운데는 무차별 인명 살상의 우려 때문에 국제적으로 사용이 금지된 대인 지뢰가 대량 포함되어 있다는 점입니다. 현재 앙골라 곳곳에는 1천만 개의 대인 지뢰가 묻혀 있어 피해자가 끊이지 않고 있습니다.

콩고 민주공화국에서는 1998년부터 반정부 운동이 시작되어 지금까지 적어도 주변 6개국 군대가 뒤섞여 전쟁을 벌이고 있습니다. 불과 일주일만에 민간인 6백 명이 사망하고 3천 명이 부상당하기도 했습니다. 이 피비린내 나는 콩고 민주공화국 내전을 이끌어가는 막대한 전쟁 경비의 원천이 바로 다이아몬드입니다. 전세계 다이아몬드 생산량 15위를 차지하는 국가들 중 아홉 개 나라가 정치 체제의 불안정으로 인해 내전이 끊이지 않는 아프리카의 가난한 나라들입니다.

시에라리온도 마찬가지입니다. 코이두와 통고필드 등 다이아몬드가 대량으로 나오고 있는 지역들은 반군들이 대부분 장악해 어린이와 여자들까지도 강제로 다이아몬드 채광에 동원해 노예처럼 부려왔습니다. 시에라리온에서 5만 달러에 산 다이아몬드 원석이 런던에서 가공 과정을 거치면서 4백만 달러에 거래된 적이 있을 정도로 그 이익은 엄청나다고 합니다.

불법적인 다이아몬드 생산이 계속되고 있는 이유는 다이아몬드 수요가 그만큼 늘어나고 있기 때문입니다. 개발도상국가들의 생활이 나아지면서 너도나도 다이아몬드를 혼수품으로 원하게 되고, 그것이 아프리카의 내전을 부추기는 일이 되고 있습니다. 미국은 전세계 다이아몬드 수요량의 절반 이상을 차지하고 있고, 유럽과 아시아 국가들, 특히 중국과 인도라는 거대한 시장에서마저 점점 수요가 늘어나고 있습니다.

최근에 결성된 한 시민운동단체는 다이아몬드 밀거래를 감시하기 위한 대표단을 파견하고, 내전중인 나라에서 캐낸 다이아몬드는 사지도 팔지도 말 것을 대중에게 호소하고 나섰습니다. 이들이 펼치고 있는 운

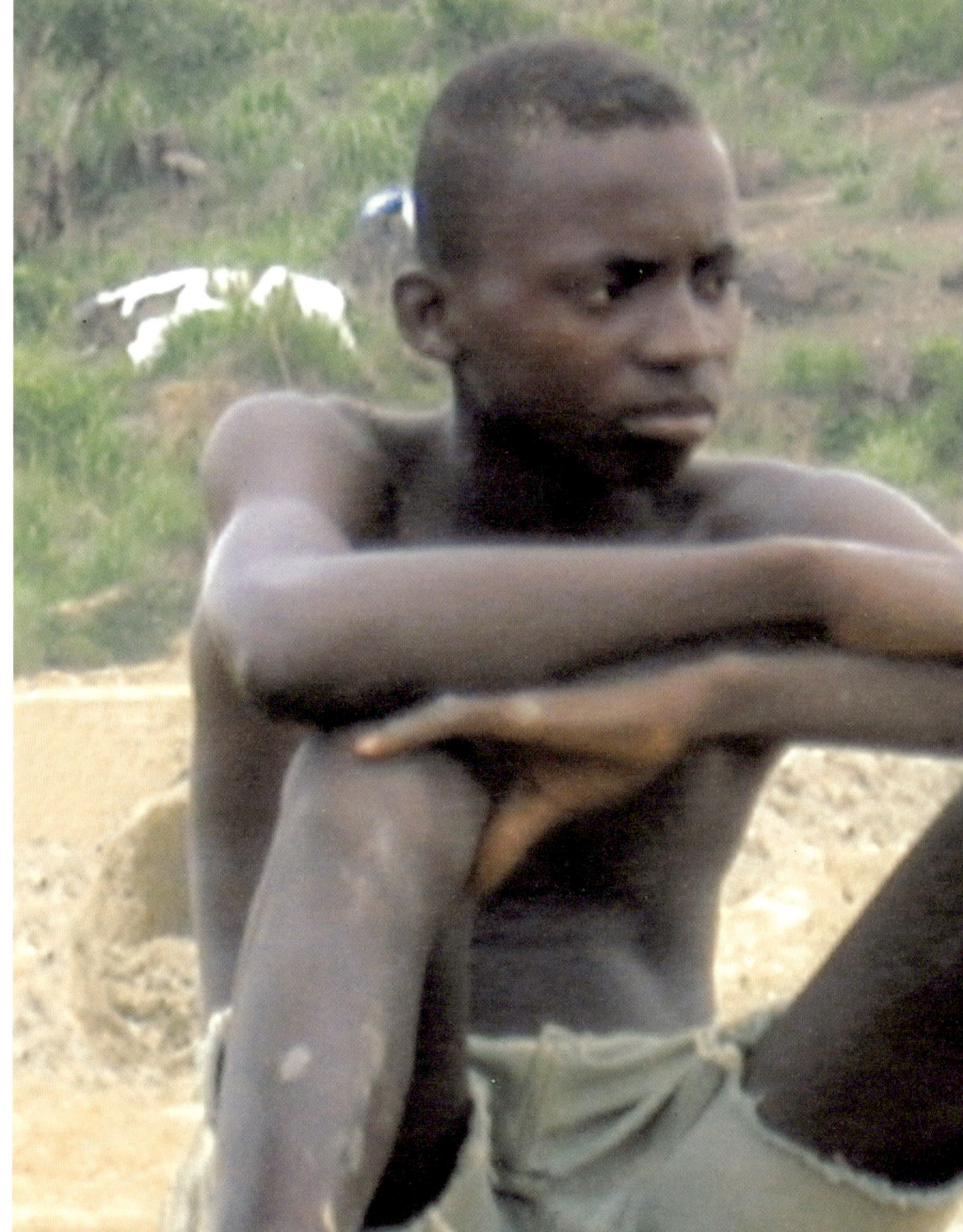

이 소년병 모하메드는 자신이 소년병이었던 걸 밝히길 원치 않았다. 그래서 나는 아무 상관없는 사람처럼 돌아앉아 있었고, 카메라를 풀숲에 숨긴 채 그를 인터뷰했다.

동은 '반다이아몬드 운동'이 아니라 '반전 운동'입니다. 이런 노력이 결실을 맺는다면 다섯 명 중 한 명꼴로 전쟁의 희생자가 되고 있다는 아프리카 대륙에서도 머지 않아 총성이 사라질 날이 올 것입니다.

모하메드는 다이아몬드 광산에서 일하는 소년병 출신의 남자아이입니다. 가끔 저 먼 곳에 시선을 주는 모하메드는 이미 열여덟 살짜리 소년의 눈이 아닙니다. 이 아이는 치유될 수 없는 병에 걸려 있습니다. 가엾고도 무서운 일입니다. 소년병 출신의 아이들이 거의 다 이런 상태일 것입니다.

모하메드가 들려주는 얘기는 도저히 인간의 귀를 갖고선 들을 수 없는 그런 내용입니다. 너무 일찍 군인이 된 아이들이 마구 사람을 죽이고, 팔다리를 자르고, 여자들을 집단으로 성폭행했습니다. 나쁜 짓이라는 생각이 들지 않았느냐고 묻자, 모하메드는 그런 생각이 들 때도 있었지만 재미로 하는 아이들도 있었다고 말합니다. 그리고 총을 들기 전에 무슨 약을 나눠주었다고 했습니다.

다시 그런 상황이 되면 어떻게 할 것이냐고 묻자 모하메드는 담담히 말합니다. 군인이 되면 먹을 것도 주고, 총이 있으니까 힘도 생기기 때문에 또다시 반군이 될 것이라고. 내가 너무 놀라 물었습니다.

"그럼 또 그런 나쁜 짓을 하겠네요?"

모하메드가 대답합니다.

"아뇨. 나도 이제 컸으니까, 그런 일은 소년병들에게 시키면 돼요."

컸다고 해도 열여덟 살에 불과한 아이가 그렇게 아무렇지도 않게 대답하고 있었습니다.

레베카를 만난 것은 모하메드와 만나고 나서, 성폭행당한 소녀들을 위한 재활센터로 갔을 때입니다. 재활센터라고 해봐야 재봉틀 세 대를 놓고 자수 놓는 법을 가르치는 곳입니다. 배워야 할 사람은 많고, 장소는 비좁기 그지없습니다.

레베카는 차례를 기다리는 많은 여자들 틈에서 긴 다리를 쭉 뻗고, 한쪽 젖을 아이에게 물린 채로 무심한 얼굴로 앉아 있었습니다. 그 옆엔 뜨거운 햇빛에 변색돼 머리카락이 노래진 다섯 살짜리 여자아이가 엄지손가락을 입에 물고 서 있었습니다.

그녀가 눈에 띈 건 그 얼굴이 그 얼굴 같은 흑인 여자들 틈에서도 눈에 띄게 예뻤고, 또 꼬불거려 살을 파고든다는 머리카락을 깔대기 모양의 쇠붙이로 올올이 말아놓았기 때문입니다. 그리고 무엇보다도 그녀의 표정 없는 얼굴이 더 내 눈길을 사로잡았습니다. 그냥 사람들 틈에 앉아 있는 것이지 무슨 목적이 있는 얼굴이 아니었습니다. 카메라가 왔다갔다 해도 아무 관심도 없고, 보채는 아이에게 가끔씩 젖을 바꿔 물려줄 뿐이었습니다.

열여덟 살의 레베카.

그녀는 열세 살 때 반군이 칼로 엄마와 아빠의 목을 친 뒤 발로 차는 것을 보았고, 뒤이어 그들이 언니의 팔을 끊은 뒤 성폭행하는 것을 보았습니다. 언니도 그 자리에서 목이 잘려 죽었습니다. 그런 다음 반군은 열세 살짜리 그녀를 집단 윤간했습니다. 소녀는 마침내 기절했고, 정신이 들었을 때는 반군 대장 앞에 끌려가 있었습니다. 그녀는 얼굴이 예뻐

열여덟 살의 레베카는 벌써 두 아이의 엄마다. 오른손으로는 다섯 살짜리 반군대장 아이의 손을 잡고, 등에는 열이 펄펄 끓는 한 살배기 정부군 대장의 아기를 업은 레베카는 오늘날 시에라리온이 낳은 비극의 주인공이다.

서 대장의 다섯번째 아내가 되었습니다. 다섯번째 첩이니까 온갖 궂은 일을 시키고, 밤마다 담뱃불로 지지고, 때리고, 성폭행을 일삼았습니다.

그 이야기를 하면서 레베카는 담담하게 담뱃불에 지져진 허벅지와 가슴팍을 보여주었습니다. 그러면서 5년이 흘렀고 아이가 생겼습니다. 지금 옆에서 손가락을 빨며 서 있는 여자아이가 바로 그 아이입니다. 그러다가 정부군이 쳐들어왔습니다. 정부군 대장은 레베카가 보는 앞에서 5년 동안 함께 살던 반군대장의 목을 날려버렸습니다. 그리고는 레베카를 보호해주겠다고 데리고 가서는 또 몹쓸 짓을 했습니다. 그래서 생긴 아이를 지금 레베카는 젖을 물리고 있는 것입니다.

열여덟 살밖에 안 된 소녀가 인생에서 겪을 수 있는 온갖 고통을 다 겪은 것입니다. 내가 그 나이였을 때, 나는 늙어서 죽는 것이 무엇보다 싫었습니다. 그래서 열아홉 살까지만 살아야지 하고 다짐하곤 했습니다. 어느 비 오는 날, 동네 약국 열두 군데를 돌며 수면제를 사모으기도 했습니다. 그렇게 사치스럽던 열여덟 살이었습니다. 그런데 레베카는 차마 영화로도 만들 수 없는 엄청난 비극을 겪고도 아이에게 젖을 물리고 있었습

피의 다이아몬드 61

니다. 오, 하느님, 세상은 왜 이리도 불공평한 걸까요?

이제 전쟁이 끝나고, 레베카는 아이들과 함께 친척집에 얹혀 살고 있습니다. 나는 그 집에 가보았습니다. 모든 것이 파괴된 상태라서 그저 세 면의 벽밖에 없는 한 평 남짓한 방에 달랑 침대 하나가 놓여 있었습니다. 침대 위에서 친척과 아이가 자고 자기는 땅바닥에서 아이들과 잔다고 했습니다. 너무 좁아 친척이 나가라고 하지만 갈 곳이 없습니다. 이 넓은 아프리카 땅에 레베카가 갈 곳이 없습니다.

등에 업힌 아이는 이마가 불덩이 같습니다. 어디가 아픈 걸까. 나는 이 열여덟 살짜리 소녀에게 삶이 고통만 계속되는 건 아니라는 걸 알게 해주고 싶었습니다. 기적이 일어날 수도 있다는 걸 알려주고 싶었습니다. 어쨌든 잠깐이라도 그녀를 행복하게 해주고 싶었습니다. 그래서 나는 그 자리에서 결심했습니다. 그녀에게 벽이 있는 방을 반드시 마련해주겠다고. 그리고 몇 달 먹을 양식, 흙바닥이 아닌 침대와, 예쁜 색깔의 침대 시트도.

내가 그 결심을 말해주자, 레베카는 그저 남의 얘기인 것처럼 멍하니 듣고만 있었습니다. 하지만 1분쯤 지나자 그녀는 그것이 정말로 자기에게 일어날 일이라는 걸 알았고, 정말 열여덟 살짜리 소녀가 되어 깡충거리며 손뼉까지 치며 웃었습니다. 눈은 반짝이고 얼굴은 생기를 띠었습니다. 그런 그녀를 보며 모두가 행복한 눈물을 지었습니다.

그녀가 살고 있는 집 건너편에 벽만 남은 두 평 정도의 집이 있었습니다. 레베카는 그런 집에서 살고 싶다고 했습니다. 나는 약속대로 당장에 그녀의 소망을 이뤄주었습니다. 다 허물어져가는 벽을 다시 쌓아주고,

침대와 가재도구를 사주고, 여섯 달치 식량을 들여놓았습니다. 그리고 손을 흔들며 레베카와 작별했습니다. 뿌연 먼지를 날리며 내 모습이 아득히 사라질 때까지 레베카는 손을 흔들고 또 흔들었습니다.

하지만 나는 레베카와 완전히 작별할 수 없음을 압니다. 왜냐하면 시에라리온에는 아직도 수많은 레베카가 있으니까. 수많은 모하메드가 있으니까요.

어느 인도인이 한 말입니다.

"만일 누군가 길에서 화살에 맞은 사람을 발견한다면, 그는 화살이 어느 방향에서 날아왔는지, 화살대를 무슨 나무로 만들었는지, 화살촉은 무슨 금속인지, 또 화살 맞은 사람이 무슨 계급인지 묻지 않을 것입니다. 그런 질문을 퍼붓는 대신 그는 서둘러 화살을 빼주려고 노력할 것입니다."

아직도 전쟁은 끝나지 않았다

　내가 좋아하는 가수 밥 딜런은 〈바람만이 알고 있지〉라는 노래에서 이렇게 말했습니다.
　'고통받는 사람들의 외침을 얼마나 오래 들어야 우리의 귀가 열리게 될까?'
　아코아는 동부 시에라리온의 코노 지역에서 차로 한 시간쯤 걸리는, 앞에 강이 흐르는 마을입니다. 아코아로 가는 길에 노르웨이 자선단체에서 운영하는 팔 잘린 사람들이 있는 곳에 들렀습니다. 그곳에서 두 팔이 다 잘린 남자, 한쪽 손목만 잘린 여자, 한쪽 팔만 잘린 남자들을 만났습니다.
　왜 이렇게 되었느냐고 묻자, 반군들에게 붙잡혀 어느 쪽 손을 잘라줄까 물어서 아무 대답도 안 한 남자는 두 손목이 다 잘리고, 그걸 보고 무서워서 한 쪽을 가리킨 사람은 그쪽만을 잘랐다는 것입니다. 잘린 부위가 손목, 팔 한가운데 등 모두 다른 것은 반군들 마음이었다고 했습니다. 그중 한 여인은 손목이 다 잘리지 않고 끝이 붙어 있어서 사흘을 그

만일 당신이 전쟁의 위험, 감옥 수감, 고문, 굶주림 등을 경험해보지 않은 사람이라면, 당신은 전세계 5억 명의 사람들보다 행복한 삶을 살아온 것이다.

손목을 달고 도망다니다 날카로운 돌에 갈아서 손을 떨어뜨렸다고 합니다.

우리 모두 망연자실 할 말을 잃었습니다. 너무 충격적이어서 눈물조차 나오지 않았습니다. 사람으로 태어난 것이 너무도 싫었습니다. 내 자신이 사람이라는 것이 이렇게 싫을 수가 없었습니다. 내가 두 팔을 갖고 있다는 것이. 자신의 두 팔로 남의 두 팔을 자를 수 있는 인간이라는 것이 싫었습니다. 차라리 팔다리가 없는 벌레로 태어났더라면.

더 이상 그들의 이야기를 듣는 것이 너무도 괴로웠습니다. 차마 그들의 잘린 팔을 쳐다볼 수가 없어서 고개를 다른 곳으로 돌린 채 그들과 헤어져야 했습니다. 그리고 강이 흐르는 마을에 도착했습니다. 그 마을은 반군 소년병들이 정부군에 쫓겨 퇴각하는 마지막 날까지 온갖 몹쓸 짓을 저지른 곳입니다. 글로 옮기기조차 싫은, 단 하루 동안 그들이 저지른 일은 역사에 유례가 없는 것들입니다. 그나마 살아남은 마을 사람들이 그때의 참상을 술 취한 것처럼 눈이 벌개진 얼굴로 들려줍니다. 불과 1년 반 전에 일어난 일들입니다. 유엔군이 들어와 전쟁은 2년 전에 끝났지만, 그후에도 참상이 계속된 것입니다.

소년병들은 임산부의 뱃속에 있는 아이가 남잔지 여잔지 내기를 한 뒤 여자의 배를 갈라 아기를 꺼내는, 인간으로서는 도저히 할 수 없는 짓을 저질렀습니다. 아들 보고 엄마를 범하라고 해서 싫다고 하니까 그 자리에서 아버지와 아들은 목을 치고 엄마를 집단 성폭행했습니다. 그 엄마가 살아남아서 내 손을 붙들고 울면서 그 얘기를 하고 있었습니다. 전쟁이 아이들까지 미쳐버리게 만든 것입니다.

늙은 엄마를 두고 피난가다가 아무래도 마음에 걸려 다시 돌아왔더니 이미 엄마의 머리가 땅에 구르는 걸 본 여인도 있습니다. 미처 피난 못 간 남자들을 강가로 몰아가서 손을 모두 연결해 묶은 뒤 카누 같은 배에 태워 강 중간에서 배를 뒤집어 죽게 하는 걸 본 사람도 있습니다. 그 배가 아직도 강 기슭에서 강물에 출렁이고 있었습니다.

이야기는 끝도 없이 이어졌습니다. 남자들 얼굴에 무엇인가를 씌우고 걸어가게 해 칼로 목을 치고, 목 떨어진 몸이 몇 발자국 걷나 내기를 하며 킬킬거리며 웃던 소년병들의 웃음소리를 기억하는 여자, 업고 있는 아기를 빼앗아 강물에 던진 소년병들에게 강간당한 엄마, 그 엄마는 지금 강가에서 빨래를 하며 산다는 얘기……. 그 여인은 소년병들이 어떻게 아기를 빼앗아 강에 던졌는가를 내 앞에서 재현해 보였습니다. 물론 돌아가서 방송을 해야 하니까 필요했지만, 너무 잔인한 일을 우리가 하고 있다는 생각에 나는 너무도 싫어 돌아서서 울었습니다. 그 엄마를 두 번 죽이는 것이라는 생각이 들었습니다. 어떤 날은 하루 종일 아기 생각을 하며 강가를 헤맨다고 하는 이 엄마를.

어떻게 이런 일들이 일어날 수 있을까. 하느님은 어디에 계신 걸까. 왜 이 모든 일을 보고도 침묵하시는 걸까.

반군에게 끌려가 살았다고, 피난갔다 돌아온 남편에게 버림받고 아이들을 키우며 굶기를 밥 먹듯 하는 많은 여자들이 있습니다. 그런 잔인무도한 짓을 한 소년병들도 온전하지 못합니다. 그들 역시 가해자인 동시에 피해자입니다. 그들도 정상적인 생활로 돌아가기는 힘이 듭니다. 먼저 인터뷰한 모하메드 역시 또 전쟁이 일어나기를 기다리는 것 같았습니다. 슬픈 일이지요.

　1991년부터 2001년까지 10년 동안 계속된 시에라리온의 내전은 원래 부정부패한 정권으로부터 나라를 구한다는 명분으로 시작되었습니다. 그러나 해가 거듭될수록 다이아몬드 광산을 둘러싼 분쟁으로 변질되면서 정부군과 반군 조직들에 의한 '손목 자르기' 등의 끔찍한 인권 유린과 학살이 저질러졌습니다. 이 과정에서 정부군과 반란군들, 심지어는 유엔에서 파견한 국제평화유지군에 의해서도 여성들에 대한 강간과 성폭력 등의 범죄가 발생해 수만 명의 여성들이 고통받았습니다.

　그중에서 가장 큰 피해를 입은 사람은 어린 소녀들로, 집단 강간을 당한 후 살해되는 경우가 대부분이고, 무기나 나무막대기, 우산 같은 도구들로 위협당하며 강간당하기도 했습니다.

　뉴스위크지에 실린 한 기사는 이렇게 보고하고 있습니다.

"먹을 것이나 살 곳, 또는 교육 기회가 주어지지 않는 곳에서 아이로 사는 것은 끔찍한 일이다. 게다가 전쟁까지 겹치면 아이들은 끝없는 공포와 불안에 휩싸이게 된다. 시에라리온의 아이들은 전쟁시에도 찾아보기 힘든 잔인한 학대에 시달리고 있다. 지난 20년 동안 시에라리온과 라이베리아의 반군들은 아이들을 군사 전략으로 이용해왔다. 반군은 일고여덟 살밖에 안 된 아이들을 유괴해 여자아이들은 성폭행하고 남자아이들에게는 강제로 마약을 주사해 잔인한 행위를 시킨다. 친부모를 죽이거나 강제로 누군가의 손을 잘라야 하는 경우도 종종 있다. 거부할 경우 죽음을 면치 못한다. 나중에 그들 중 일부는 짐꾼이나 성의 노예가 되고 나머지는 소년병으로 입대한다."

소년병들은 겁이 없습니다. 마약에 잔뜩 취한 채 전투에 보내지니 그럴 수밖에 없습니다. 반창고의 접착 부분에 마약을 묻힌 뒤 얼굴의 베인 상처에 붙여 스며들도록 하는 경우도 있습니다. 열여섯 살의 이브라힘은 국제사면위원회에서 "코카인에 취하면 겁이 없어지고 아주 잔인해졌다."고 말했습니다. 또 다른 소년병은 "사람들이 닭이나 쥐처럼 보여 그들을 죽이고 싶었다."고 증언했습니다. 탈출을 기도했다가 잡히면 그 자리에서 사형입니다. 다른 곳에 가봐야 음식을 주는 곳도 없고 달리 할 일이 없기 때문에 탈출조차 생각하지 않습니다.

시에라리온에서 지금까지 전투에 투입되거나 학대받은 아이들은 적어도 1만 명에 이릅니다. 그중 3,40퍼센트에 이르는 아이들이 집으로 돌려보내지기 시작했지만, 문제는 심각한 마약 중독에서 벗어나게 하는 일입니다. 내전이 끝난 뒤에도 아이들은 여전히 전쟁터에 있다는 환각 상태에 빠지기도 합니다.

모두가 미쳐 있는 이곳, 이곳의 전쟁은 아직도 끝나지 않았습니다. 또 다른 삶의 전쟁이 그들 앞에 놓여 있습니다. 그들을 도와주지 않으면 우리 모두는 인간이라는 것이 부끄럽고 슬플 수밖에 없습니다.*

---

* 2003년 10월 김혜자는 시에라리온에서 월드비전을 통해 '마담 킴스 프로젝트'를 새롭게 시작했다. 이 프로젝트는 내전으로 가장 참혹한 피해를 입은 가정을 골라 그들에게 식량과 기술 훈련을 제공하고, 장사를 할 수 있는 착수금을 지원하는 사업이다. ― 편집자 주

모래들아, 모두 일어나서 세상의 모든 총구멍을 막아라. 생명을 겨누고 있는 저 총구멍들을.

망고 두 개를 훔치는 아이

〈살람 봄베이〉라는 제목의 영화가 있습니다. 인도 출신의 여성 감독 미라 네어가 만든 작품입니다. 지금은 지명이 뭄바이로 바뀐 서인도 봄베이에서 펼쳐지는 가난한 사람들의 삶이 주제입니다. 영화이면서도 다큐멘터리와 같은 사실적인 내용과 영상들을 담고 있습니다.

영화의 주인공은 크리슈나라는 이름을 가진 소년입니다. 크리슈나는 인도 민중들이 가장 좋아하는 신의 이름이기 때문에 인도인들에게는 그 이름이 많습니다. 크리슈나는 작은 마을에서 서커스 일을 돕던 소년입니다. 어느 날 크리슈나는 심부름하라고 준 돈을 갖고 도망쳐 기차를 타고 뭄바이로 갑니다.

뭄바이가 있는 마하라슈트라 주에서는 7천9백만 명의 인구 중 약 70퍼센트가 농사로 생계를 잇고 있습니다. 그래서 한번 가뭄이 덮치면 뭄바이 주변 마을의 농민들이 농사지을 수 없는 논밭을 팽개치고 뭄바이로 몰려듭니다. 20년 전의 가뭄 때는 3백만 명의 농민이 뭄바이로 몰려들어 노숙자가 되었다고 합니다. 가뭄이나 홍수가 들면 뭄바이는 이들

집 떠난 농민들로 점령되다시피하는 것입니다.

  가뭄이 아니더라도 대도시는 사람들을 끌어당기는 힘이 있습니다. 캘커타, 뭄바이, 델리 등 인도의 주요 도시들은 매년 주변 시골에서 흘러들어온 빈민들로 넘쳐납니다. 섬과 섬 사이를 매립해 생겨난 뭄바이는 땅이 비좁아 많은 사람을 수용할 수 없기 때문에 인도에서 가장 먼저 고층빌딩이 세워지게 되었고, 지금도 계속 건설되고 있습니다. 그래서 뭄바이는 하늘을 찌르는 고층건물들과 그 건물들 바로 뒤에 다닥다닥 붙어 있는 빈민촌의 천막들로 유명해졌습니다.

  뭄바이로 입성한 어린 크리슈나는 차 심부름을 하면서 거리의 아이들과 친구가 되고, 매춘부인 레카와 그녀의 딸 만추를 알게 됩니다. 그리고 그 일대를 장악해 돈을 뜯어먹고 사는 레카의 남편 바바에게 고용되고, 우연히 알게 된 차리무의 꾐에 빠져 마약 판매일을 하게 됩니다.

  감독 미라 네어는 이 영화를 만들기 위해 뭄바이 거리의 아이들과 실제로 거리에서 숙식을 함께 했고, 빈민들과 나눈 대화 자료를 모아 시나리오를 썼으며, 실제 거리의 아이들을 배우로 기용했습니다. 촬영도 뭄바이 사창가에서 직접 했으며, 영화에 나오는 빈민촌은 촬영을 위해 만든 세트가 아니라 뭄바이의 실제 모습입니다. 미라 네어는 자신의 첫번째 장편영화인 이 작품으로 제41회 칸 영화제에서 31세의 나이로 여성 감독으론 최초로 신인감독상과 황금카메라상을 수상했습니다.

  매춘부들과 사귀고 마약을 팔던 크리슈나는 어느 날 창녀촌에서 네팔에서 잡혀온 '꽃의 16세'를 보고는 첫눈에 짝사랑에 빠집니다. 하지만 그녀는 바바의 강요와 협박에 못 이겨 매춘부가 되고 맙니다.

크리슈나는 사실 고향에서 5백 루피(1만 5천 원)를 훔쳤다는 누명을 쓰고 도망나왔기 때문에 빨리 5백 루피를 벌어 고향으로 돌아가고 싶어합니다. 하지만 그것은 너무 큰 돈입니다. 그런데 그동안 크리슈나가 차곡차곡 모아온 돈을 치리무가 훔쳐가 마약을 복용하다가 목숨을 잃습니다. 매춘부의 딸 만추와 함께 경찰에 잡혀 감화원에 보내진 크리슈나는 그곳에서 탈출해 악덕 매춘업자 바바를 죽이고 때마침 벌어진 힌두교 축제 행렬 속으로 몸을 감춥니다. 장례식 장면과 힌두교 축제 장면이 인상적으로 화면을 가득 채웁니다. '살람 봄베이'는 '봄베이여, 안녕'이란 뜻입니다.

인도는 미국 헐리우드보다 훨씬 더 많은 영화를 만드는 나라로 유명합니다. 그 영화 제작의 중심지가 뭄바이(봄베이)이기 때문에 '볼리우드'라는 별명까지 얻었습니다. 그래서 뭄바이에는 유명한 영화배우, 의사, 대학교수, 외국인 사업가 등 잘사는 사람들이 많습니다. 하지만 그들보다 압도적으로 숫자가 많은 빈민층들은 시내에서 북쪽으로 계속 밀려나 가트코파르나 안데리 부근에 빈민가를 형성하게 되었고, 이곳은 이제 폭력배들의 소굴이 되어버렸습니다.

인도양의 진주라 불리는 뭄바이, 마치 콩자루를 쏟아놓은 것처럼 수많은 사람들이 도심지를 가득 메우고, 거리에는 집 없는 빈민들이 노천에서 그냥 살아가고 있습니다. 엎어져서, 앉아서, 또는 소매 끝을 붙잡고 따라다니며 손을 내미는 걸인들 때문에 걸어다니기조차 힘들 때가 많습니다.

외곽 지대에 펼쳐진 빈민촌의 풍경은 숨이 막힐 정도입니다. 오물과 악취, 길을 가로막는 쓰레기 더미, 코를 찌르는 하수도 냄새, 탈황이 덜 된 인도산 휘발유에서 나는 매연 등이 머리를 아득하게 만듭니다. 2025년이 되면 뭄바이의 인구는 3,320만 명이 돼 세계 최대 인구의 도시가 될 것이라고 합니다.

인도에서 가장 현대적인 도시이며 최대의 상업 도시이고 인도의 역사를 주도해온 도시인 뭄바이는 이렇듯 두 가지 얼굴을 하고 있습니다. 세계 3대 빈민가 중 하나로 꼽히는 이 도시에는 산동네 비탈마다 화장실도 없는 빈민촌이 열두 곳이나 있습니다. 놀이터가 따로 없는 아이들이 내 뒤를 줄지어 따라다닙니다. 집들이 거의가 천막에 맨 흙바닥입니다. 뭄바이에 도착한 나는 곧바로 결연 아동인 카비타네 집엘 갔습니다.

아홉 살인 카비타의 아버지는 작년에 결핵으로 죽었고, 서른 살인 엄마 릴라, 그리고 네 살짜리 남동생 나냐, 이렇게 세 식구가 다 쓰러져가는 천막에서 살고 있습니다. 양은 냄비가 둘, 양은 쟁반 같은 것 하나, 물통, 그리고 도마뱀들이 전부입니다. 엄마 릴라가 까쥬라는, 껍질이 딱딱한 살구만 한 열매를 칼로 토막내어 속에 있는 알맹이를 꺼내는 일을 하고 있습니다. 그것은 카레 만드는 재료로도 쓰이고, 인도인들은 말린 까쥬 열매를 무척 좋아합니다.

어린 카비타도 엄마와 함께 그 일을 해야 합니다. 그것이 이 집의 유일한 수입원입니다. 그것을 큰길로 가지고 나가 신문지 위에 널따란 나무 잎사귀를 펴고 그 위에 까쥬 깐 것을 놓고 팝니다. 그래서 생기는 수입이 하루 2,30루피(600원 정도)입니다.

사는 게 너무나도 고달픈 카비타네 집. 그래서 카비타와 나냐는 얼마

멀지 않은 곳에 있는 망고나무가 있는 집에 망고를 훔치러 가곤 합니다. 철망으로 빙 둘러쳐진 담 안에 망고가 탐스럽게 열려 있습니다. 카비타는 삐죽삐죽 나온 철조망 쇠꼬챙이를 피하며 재빠르게 올라가서 나냐가 건네준 막대기로 망고를 두 개 땁니다. 그리고는 다시 철망을 넘어 도망칩니다. 카비타의 발바닥은 철조망에 찔린 자국들로 핏물이 덕지가 져 있습니다. 그것이라도 팔지 않으면 살 수가 없기 때문입니다. 카비타가 하는 짓을 도둑질이라고 말할 순 없습니다. 세 식구의 생계가 걸린 일이니까요.

가난한 나라가 다 그렇듯 이곳의 또 다른 문제는 물입니다. 사람들은 수도관에 구멍을 내어 물이 흐르게 하고 그것을 받아다가 먹습니다. 그래서 수도관을 따라 빈민촌이 형성된다고 할 정도입니다. 그나마도 아침에 한 시간, 저녁에 한 시간밖에 물이 나오지 않습니다. 뭄바이가 처한 문제는 인구 과밀, 상수도와 위생, 전기 같은 기본 생활 시설의 부족, 그리고 학교, 병원, 건강 보호 시설들의 태부족을 꼽을 수 있습니다. 그리고 수도 델리와 마찬가지로 거리에서 살아가는 수백만 명의 아이들입니다.

인도 정부에 따르면 빈민 가정은 하루에 10루피(300원), 한 달에 296루피를 번다. 10루피로는 2,200칼로리의 식량을 살 수 있고, 과학적으로는 그 정도의 열량으로 가까스로 죽음을 면할 수 있다.(사진 Steve Mccurry)

엄마가 장사 나간 동안 카비타는 물을 아껴 쌀을 씻고, 나뭇가지 주워 온 것을 무릎으로 잘라서 밥을 짓습니다. 인도에서 가장 흔하다는 흰 쌀밥에 고춧가루, 배급받은 기름을 두어 방울 치고 버무려서 하나 있는 양은 쟁반에 담아 세 식구가 나눠 먹습니다. 그렇게 하루 한 끼 먹는 것이 전부입니다. 카비타네뿐 아니라 그곳에 사는 사람들 대부분의 모습이 그렇습니다.

까쥬를 자를 때 숫돌 같은 데 얹어놓고 반으로 가르는데, 엄마와 딸의 손이 거칠기 짝이 없습니다. 저러다 손을 다치면 어쩌나 조마조마하기조차 합니다. 머리는 언제 감았는지도 모르게 떡이 져 있고, 다 해진 윗도리에 통이 큰 고무줄 치마를 입고 있지만, 카비타는 여느 인도 소녀들처럼 예쁩니다. 눈이 깊고 잘 웃어서 더 예쁩니다. 동생 나냐는 도마뱀과 놀고 있습니다.

일찍 시작한 일정 때문에 아침에 차 한 잔 마시고 오후 네 시가 다 되도록 아무것도 먹지 못하고 아이들을 돌보느라 진이 빠진 내게 동네 아이들이 앵두처럼 생긴 빨간 열매를 갖다줍니다. 내가 불쌍해 보였던 모양입니다. 먹어보니까 달콤한 맛입니다. 내가 맛있게 먹으니까 아이들은 너도나도 그 열매를 따서 갖다줍니다. 그때 저쪽에서 한 엄마가 오더니 아이들의 등짝을 냅다 때리는 것이었습니다. 놀라서 쳐다보는 내게, 이거 많이 먹으면 배가 아프다고 몸짓으로 말합니다.

배가 아파도 서로 다투어 열매를 따다준 아이들이 사랑스러웠습니다. 내 옆에, 무릎에, 내 뒤에서 나를 만지는 이 아이들. 이 아이들과 보호자가 되는 결연으로 묶이고 싶었습니다.

떠나는 내게 카비타가 무엇인가 신문지에 싼 걸 주었습니다. 열어 보니 까쥬가 아홉 개 들어 있었습니다. 이걸 팔아야 온 식구가 하루를 먹고 사는 건데……. 나는 그 선물을 소중히 간직하고 돌아섰습니다. 눈물 때문에 뒤돌아볼 수가 없었습니다. 카비타는 학교 가는 게 소망입니다. 그 소망은 반드시 이루어질 것입니다.*

---

* 현재 열두 살인 인도 소녀 카비타는 김혜자의 결연아동으로 뭄바이의 싸이나스식션 초등학교에 다니고 있다. 카비타뿐만 아니라 김혜자는 전세계 가난한 나라의 아이들 50명의 학비를 대고 있다. ― 편집자 주

모든 아이들이 살아갈 권리가 있다. 생존에 필요한 기본적인 것들을 받을 권리가 있다. 그리고 무엇보다 아이들은 사랑과 보호를 받을 권리가 있다.

세상 사람들에게 내 눈을 빌려주고 싶네

인도 남부 첸나이 공항에 내려 세 시간 넘게 차를 달려 사라비 호텔로 향했습니다. 한 시간이면 충분한 거리라더니, 가도 가도 목적지가 나타나지 않았습니다. 내가 보기엔 울퉁불퉁한 신작로인데, 인도인 운전수는 그것이 고속도로라고 계속 주장했습니다. 그러면서 무조건 "노 프라블럼!" 하고 솥뚜껑만 한 손바닥을 내저었습니다. 가끔 가다 무엇인가를 가득 실은 커다란 트럭이 부딪칠 듯 꽝! 하고 지나갔습니다.

3월 말부터 4월경이면 섭씨 50도 가까이 기온이 올라가 덥다고 했는데, 호텔에서 맞이한 첫 아침은 우리나라 초여름 같은 상큼하고 기분 좋은 날씨입니다. 창 밖으로 보이는, 붉은색과 초록색의 잎사귀가 섞인 이름 모를 나무는 본래 그런 건지 아니면 기운이 없는 건지 잎이 축 늘어져 있습니다. 하지만 어디서 만나든 나무는 기분을 좋게 해줍니다. 좀 늘어지긴 했지만 잎이 무성한 나무를 보니 간밤의 피로가 가시는 듯합니다.

누가 먼저 새들의 소리를 지지배배라고 표현했는지 몰라도 새들이 정말 지지배배 노래합니다. 좀 큰 새들의 꽥꽥거리는 소리는 노랜지 고함인지 분간이 안 갑니다. 간간이 고양이 울음소리도 섞이고.

방금 나에게 뜨거운 물을 갖다준 호텔 웨이터는 내가 본 인도인들 대개가 그렇듯 약간 쳇머리를 흔들며 팁을 받고는, 또 다른 시킬 일이 있는가를 물었습니다. 내가 "노 프라블럼!" 하고 미소를 짓자, 그는 마치 나와 드라마 촬영을 하는 사람처럼 "노 프라블럼!" 하고 화답하고는 뒷걸음질쳐서 밖으로 나갔습니다. 그는 내가 유명한 연기자라는 걸 알고 굉장히 긴장하는 것 같았습니다.

한번은 인도 공항에 도착해 입국 수속을 받는데, 군복 비슷한 복장을 한 인도 관리가 너무 내 얼굴만 쳐다보느라 여권에 입국 확인 도장 찍는 걸 잊어버린 적이 있습니다. 나는 아무것도 모르고 그 여권을 들고 돌아다니다가 나중에 출국할 때 그것이 큰 문제가 되었습니다. 입국을 증명하는 도장이 찍혀 있지 않으니, 내가 언제 어디로 인도에 입국했는지 확인할 길이 없었던 것입니다. 여권보다 내 얼굴에 더 많은 관심을 가졌던 그 공항 직원 때문에 나는 난데없이 밀입국자가 돼버렸습니다. 함께 동행했던 사람들이 여기저기 전화를 걸고 난리를 쳤는데, 맨 나중에 나타난 인도의 고위 관리가 단 한마디로 그 문제를 해결했습니다. "노 프라블럼!" 하고서.

서울에서 떠날 때 이라크 전쟁 뉴스와 반전 시위로 요란한 것을 보고 비행기에 올랐습니다. 베트남 작가 바오닌이 쓴 《전쟁의 슬픔》처럼 전쟁은 언제나 슬픕니다. 내가 묵고 있는 호텔 방의 텔레비전에서는 패션쇼가 한창입니다. 정상적인 옷도 있지만, 한쪽 젖가슴이 완전히 노출된

드레스도 있습니다. 비키니 수영복 같은 옷에 긴 부츠를 신고 나오는 모델도 있습니다. 세계적인 디자이너들의 쇼입니다. 내 눈에는 저런 것들이 다 슬프게 보입니다. 산다는 것이 너무 힘들고 슬프니까, 또 외로우니까, 저런 식으로 몸부림치는 것만 같습니다.

대학에 다닐 때 나는 미술을 전공했는데, 하루는 철학과에선 무엇을 가르치나 싶어 몰래 강의를 들은 적이 있습니다. 그때 그 교수님의 이름은 잊었지만, 그분이 하신 말씀이 오랫동안 기억에 남아 지워지지 않습니다. 그 교수님은 삶에는 본질적인 것과 비본질적인 것이 있다고 말했습니다. 그리고 인간은 무엇보다 본질적인 것에 충실한 삶을 살아야 한다는 것이었습니다. 그것이 철학적이고 종교적인 삶이라고 그분은 말했습니다.

그러나 세상은 참으로 이상합니다. 본질적인 것은 뒷전으로 밀어둔 채, 사람들은 온통 비본질적인 것에 매달립니다. 굶어 죽어가는 아이에게 음식을 먹여 살리는 것, 전쟁을 중단하는 것, 가난한 사람들에게 더 많은 관심을 쏟는 것, 이것들이 나는 본질적인 일이라고 믿습니다. 하지만 전세계 산업의 90퍼센트가 비본질적인 것들을 충족시키기 위한 상품을 만드는 데 열중하고 있다고 합니다. 그리고 지구상의 60퍼센트의 회사와 공장들이 여성의 육체와 여성의 아름다움을 위한 물건들을 만들고 있다고 합니다. 그리고 한편에선 하루에 3만 5천 명의 아이들이 굶주림으로 죽어가고 있습니다. 단 하루만이 아니라, 어제도 오늘도 내일도 날마다 3만 5천 명의 아이들이 죽어가고 있는 것입니다.

어느새 시계가 오후 세 시를 가리키고 있습니다. 장거리 여행에 너무 고단해서 늦게 일어났고, 방 안에서 이런저런 생각을 하다보니 시간이 그렇게 흘렀습니다. 바깥 공기를 쐬려고 라운지로 내려갔습니다. 깜깜한 밤에 도착해서 몰랐는데, 아까 내 방에서 보았던 나무가 이 호텔의 유일한 나무입니다. 차를 한 잔 하러 호텔 식당으로 들어갔습니다. 찻물이 덥혀지기를 기다리는 사이, 아까 그 웨이터가 지갑을 꺼내 부인과 찍은 사진을 보여줍니다. 지난 1월에 결혼했다고 합니다. "신부가 참 예쁘네요." 하고 말했더니 내일 아침엔 방으로 차를 갖다주겠다고 합니다. 아주아주 뜨거운 물과 함께.

결혼 사진이 끼워져 있던 그 사람의 지갑은 너무 낡아 가죽이 다 부스러지고, 검은 가죽보다는 흰 속이 더 많은, 너덜너덜해져서 눈만 흘겨도 바스러질 것 같았습니다. 지갑 속에 들어 있는 돈도 그 지갑값보다 더 적어 보였습니다. 갓 결혼한 새신랑의 지갑으로는 도저히 어울리지 않았습니다. 하지만 순수함과 순진함을 잃지 않은 청년이었습니다. 그 눈매와 미소에서 그런 것이 다 느껴져서 좋았습니다. 팁으로 10달러를 주었더니, 그는 아주 행복하게 웃었습니다. 10달러로 누군가를 이렇게 행복하게 해줄 수 있다니! 나도 행복해졌습니다.

다음날 아침, 구호단체의 인도 직원들과 회의를 했습니다. 회의 주제는 방문할 지역과 아이들의 노동 문제, 그동안 지원한 것이 어느 정도의 효과를 거두었는가 하는 것 등입니다. 내가 하는 일은 모든 사람들이 그 현장에 가서 볼 수 없으니까, 대신 가서 보고 듣고 내 가슴속에 자세히 담고 돌아와서 텔레비전과 인쇄 매체를 통해 사람들에게 알리는 일입니다. 내가 얼마나 충실히 설명하는가에 따라 성금이 걷히고, 그 성금으로 고통 속에 있는 아이들을 구할 수 있습니다.

지난번 방문했을 때, 지진으로 아이만 죽고 살아남은 엄마와 아빠가 아이를 땅에 묻은 뒤 그 위에 아이가 신던 쬐그만 샌들, 밥그릇 등을 올려놓으며 울던 일이 잊혀지지 않습니다. 그후로 나는 아이들의 슬리퍼, 그것도 두 짝이 아니라 한 짝만 길 같은 데 떨어져 있으면 그렇게 서러울 수가 없습니다.

첸나이 근처에는 아이들이 일하는 곳이 있습니다. 열 명 남짓한 아이들이 곳곳에서 한 조를 이뤄 코코넛 껍질로 새끼 꼬는 일과 잎담배 마는 일을 하고 있습니다. 새벽 다섯 시부터 점심시간 30분을 빼고 오후 다섯 시까지 일을 해야만 합니다. 학교에 다녀야 할 아이들이 이렇게 노동을 강요당하는 데는 이유가 있습니다. 아이들의 부모가 집에 누가 아프거나 급한 일이 생겨 50달러의 빚을 진 것입니다. 이곳에는 고리대금업자가 있어서 돈을 빌려줍니다. 50달러 이상은 빌려주지 않습니다. 돌려받을 확률이 적으니까. 그리고는 그 이자로 아이들을 부려먹는 것입니다.

아이들은 가난하니까 학교도 못 가고 그냥 그 일이 제 인생이라고 생각하는 듯합니다. 코코넛 껍질로 새끼줄을 만드는 아이의 손은 평생 막노동을 한 어른의 손보다도 더 굳은살이 박혀 있습니다. 잎담배 마는 아이들은 손톱 소제기 크기의 조그마한 칼로 담뱃잎을 잘게 다져 돌돌 만 종이 속에다 밀어 넣고 있습니다.

그중 한 소녀에게 내가 물었습니다.

"어디가 아프진 않니?"

아이는 이마를 가리키며 미소지었습니다. 그리고 말했습니다.

"머리가 아파요. 잎담배 냄새를 너무 맡아서요."

아이가 징징거리면서 머리가 아프다고 했으면 마음이 덜 아팠을 것입니다. 하지만 그 아이는 "인생은 그런 거 아닌가요?" 하는 듯한 얼굴로 미소지으면서 나를 쳐다보았습니다.

50달러는 우리나라 돈으로 6만 원쯤 됩니다. 보통으로 사는 사람들이 식구와 한 끼 외식하기에도 모자라는 돈입니다. 이 아이들에게 인생이 이렇게 힘든 것만은 아니고, 너희들도 학교에 가고 친구와 놀 수 있다고 알려주고, 또 그렇게 해주고 싶습니다. 50달러의 돈을 갚아주면 되니까.

나는 그 자리에서 아이들 540명 전부를 빚의 굴레에서 빼내주었습니다. 하지만 그것으로 끝나선 안 됩니다. 서둘러 한국의 후원자와 결연을 맺어주어야 합니다. 그래야 또 급한 일로 부모가 돈을 빌려도 아이는 학교에 다니고 굶지 않을 수 있으니까요. 마음이 급하고 초조하기까지 합니다. 이 아이들을 얼른 이 터무니없는 일로부터 빼내줘야 할 텐데.

첸나이에서 세 시간 걸려 도착한 곳은 벨콘레

한 가슴에 난 상처를 치유할 수 있다면 난 헛되이 산 것이 아니리라. 한 인생의 아픔을 달래줄 수 있다면, 한 고통을 위로할 수 있다면 난 헛되이 산 것이 아니리라.

라는 마을입니다. 그곳에는 노동에서 풀려난 아이들에게 재봉기술을 가르치는 학교가 있습니다. 우리가 간 날이 바로 졸업생들에게 재봉틀을 하나씩 나눠주는 날이었습니다. 아이들과 부모들은 기쁨에 겨워 마을회관에 모여 감사의 뜻으로 아이들의 연극 비슷한 것을 보여주었습니다. 일에서 풀려나 학교에 다니고 싶다는 내용의 춤과 노래였습니다.

그런데 지난번에 왔을 때는 없던, 성냥 만드는 공장에서 일하던 소녀가 작업장에서 겪은 일을 자세히 재현하며 한없이 눈물을 흘리는 것이었습니다. 소녀는 구호단체에서 와서 그 공연을 보여줄 때마다 그렇게 운다고 합니다.

나도 그 성냥 공장에 가본 적이 있습니다. 나무를 성냥개비 모양으로 다듬어 틀 사이에 쭉 꽂아놓고, 거기다가 펄펄 끓는 황을 붙이는 일을 아이들이 하고 있습니다. 황은 거의 독이나 마찬가지입니다. 조금만 부주의해도 불이 나고, 실제로 화재가 나서 타죽은 아이들도 있습니다.

재작년 담배를 말며 머리가 아프다고 웃던 그 예쁜 소녀 날리니도 거기에 있었습니다. 날리니는 이제 나의 결연아동입니다. 이제는 학교에 다닐 수 있고 모든 것이 아주아주 좋아졌다고 날리니는 행복하게 웃었습니다.

연극 공연이 끝나고 재봉틀을 받은 소녀 중 하나인 프리야의 집으로 갔습니다. 재봉틀을 조립하는 동안 엄마의 얼굴에서 웃음이 떠나지 않았습니다. 재봉틀은 이 집의 희망입니다. 프리야가 이젠 옷도 만들어 팔 수 있어, 빚을 질 염려는 없으니까요. 아빠가 아파서 진 빚 때문에 프리야는 3년 동안 잎담배를 말아야 했었습니다.

다음날, 나와 결연을 맺은 또 다른 아이인 레카네 집엘 갔습니다. 레카도 잎담배 말다 풀려난 아이입니다. 열두 살인데 학교를 못 다녔기 때문에 학교 수업을 단축해서 듣는 학원 비슷한 곳을 다닌 뒤 이제 정식으로 학교에 입학할 참입니다. 내가 갔을 때는 엄마와 아빠, 또 어린 동생과 함께 점심을 먹고 있었습니다. 훅 불면 날아갈 것 같은 밥에 시금칫국 비슷한 것을 부어 손으로 비벼먹고 있었습니다. 모두 희망에 차 있었습니다.

레카네 집에서 나오는데 남자아이 두 명이 엄마들과 함께 사진을 손에 들고 쭈볏거리며 서 있었습니다. 그 사진 속에 아이들과 내가 있었습니다. 재작년에 왔을 때 아이들을 노동 현장에서 빼내주고, 그 부모들과 함께 울면서 찍은 기념 사진입니다. 두 아이와 엄마들은 어제 재봉틀을 나눠줄 때 그곳에 왔었지만 나에게 인사도 못하고 그냥 멀리서 쳐다만 보았다고 했습니다.

아이의 엄마들은 내게 너무 반갑고, 너무 고맙고, 내가 그 마을 아이들 전부에게 희망을 주었다면서 눈물을 흘렸습니다. 나도 같이 울었습니다. 그리고 한편으론 걱정이 되었습니다. 그들은 내가 그 아이들 전부를 불행에서 벗어나게 해주었다고 여길지 모릅니다. 하지만 그것은 나 혼자 한 것이 아닙니다. 내가 한 일은 아무것도 아닙니다. 다 많은 분들이 함께 도움의 손길을 내밀었기 때문에 가능한 일입니다.

내가 해방시켜 준 아이들은 540명에 불과하지만, 이 지역에서만 아직도 약 10만 명의 아이들이 부모가 진 50달러의 빚 때문에 하루 종일 노동에 시달리고 있습니다. 지난번 왔을 때 나를 붙들고 울던 엄마들이 언제 다시 올 거냐고 묻고 또 묻습니다. 아이들이 정상적인 생활로 돌아가는 것을 보는 것이 내게는 가장 행복한 일입니다.

《티베트의 아이들》에서 읽은 것처럼, 세상 사람들에게 내 눈을 빌려주고 싶습니다. 이 고통받는 아이들을 보라고. 세상 사람들에게 내 두 팔을 빌려주고 싶습니다. 이 아이들을 꼭 껴안아주라고.

신이 나를 데려다준 곳

내가 살아가는 이유인 연기 다음으로 좋아하는 것은 책을 읽는 것과 여행, 그리고 자유입니다. 친구는 손에 꼽을 정도이지만 책은 내 방을 에워싸고 있습니다. 책과 음악과 정원에 자란 꽃들이 나는 좋습니다. 그러나 연기자가 되고 유명해지면서부터는 늘 빠듯한 스케줄 때문에 여행에서 멀어질 수밖에 없었습니다. 세계 여러 나라를 다녔으나 대부분 촬영차 떠난 일정이라서 내가 누리고픈 자유로운 여행과는 거리가 멀었습니다. 누가 나를 구속한 것도 아닌데 어떤 틀 속에 나는 갇혀서 삽니다. 가만히 생각해 보면 내가 그토록 소중히 생각한 연기가 사람들에게 어떤 이미지를 만들어주고, 그 이미지에 맞춰 살았던 것입니다. 그래서 늘 "이번 드라마 촬영만 끝나면 멀리 여행을 떠날 거야. 어쩌면 다신 안 돌아올지도 몰라." 하고 말하는 것이 입버릇처럼 되었습니다. 그러나 마음은 반란을 꿈꾸지만 현실은 늘 제자리였습니다.

1992년 여름, 드라마 사상 최고의 시청률을 기록한 주말 연속극 〈사랑이 뭐길래〉가 끝나고, 나는 대학을 졸업한 딸과 함께 유럽 여행을 계획하고 있었습니다. 어쩌면 내 생애 최초의 자유로운 여행이 될 것이었습니다. 내가 가고 싶었던 곳은 체코의 프라하, 그리고 헝가리의 부다페스트였습니다. 무엇보다 〈프라하의 봄〉이란 영화가 나를 매료시켰고, 헝가리언 댄스곡이 좋았기 때문입니다. 특히 그 CD 속지에 담긴, 다 해진 바지에 맨발이지만 가르마를 단정히 가르고 바이올린을 켜는 남자와, 그의 아들이 벌거벗고서 칠 벗겨진 창을 배경으로 서 있는 흑백 사진이 내 마음을 사로잡았습니다. 사진 밑엔 '아들과 함께 있는 집시 프리마, 1935년'이라고 적혀 있었습니다.

비행기 예약을 알아보고 여행에 가져갈 가방을 챙기면서 들뜬 마음으로 하루하루를 보내고 있던 어느 날 오후, 뜻밖의 전화가 걸려왔습니다. 한번도 들어본 적이 없는 월드비전 코리아라는 곳으로부터였습니다. 그 단체의 회장이 직접 전화를 했는데, 그는 힘 있고 당당한 목소리로 대뜸 나더러 아프리카에 함께 가지 않겠느냐고 말했습니다. 내가 딸아이와 함께 곧 유럽 여행을 떠날 계획이라고 말할 틈도 없이, 그는 비영리 기독교 자선단체인 월드비전에 대해 설명하면서, 외국에서도 유명 연예인이 그 일에 동참하고 있다고 나를 설득했습니다.

월드비전은 6·25때 미국 목사 밥 피어스가 우리나라 고아와 과부들을 돕기 위해 세계에 호소한 것이 시초였고, 지금은 전세계 104개국에 월드비전 지부가 있다고 했습니다. 우리나라는 1991년까지 도움을 받는 나라였다가, 그해 1992년부터 비로소 도움을 주는 나라로 전환이 되었으며, 그 첫번째 방문지가 아프리카의 에티오피아라는 것이었습니다.

전화를 건 월드비전 코리아 회장은 내게 월드비전 친선대사가 되어줄 것을 정식으로 요청했습니다. 사람들에게 빵 모양의 저금통을 나눠주고, 그래서 모인 15만 달러를 에티오피아의 가난한 사람들에게 전달하고, 사랑의 빵 저금통 홍보 촬영도 하자는 것이었습니다. 지금은 여러 구호단체의 친선대사들이 많지만, 당시는 한국에서 아무도 그런 일을 하지 않고 있었기 때문에 '친선대사'라는 말 자체가 내겐 낯설었습니다.

나는 문득 아프리카를 여행지로 택하는 것도 나쁘지 않다는 생각이 들었습니다. 아프리카 하면 영화〈정글북〉이 생각나고, 밀림과 함께 수많은 야생 동물,〈장원〉이란 영화에서 덩쿨들이 기어오른 수많은 나무들과 기막히게 아름다운 이름 모를 꽃들 사이로 요정처럼 뛰어다니던 오드리 햅번도 생각나고, 얼굴에 이상한 무늬를 칠한 원주민들의 안내를 받으며 정글을 헤쳐가는 내 모습이 상상되면서, 나는 선뜻 아프리카 여행에 동행하기로 결정을 내렸습니다. 자연만이 있고 탁 트인 넓은 대륙에서 뜨고 지는 강렬한 태양을 생각하니 고색창연한 유럽보다 더 많은 추억과 자유를 경험할 수 있을 것 같았습니다.

그렇게 해서 나는 딸아이에게는 "넌 너대로, 난 나대로 자유와 추억을 만들자."고 말하고는 아프리카로 방향을 바꾸었습니다.

비행기가 활주로를 달리다가 막 공중으로 뜨는 순간을 나는 참 좋아합니다. 아래 있는 것들이 점점 작아지면서, 저 작은 것들 속에서 내 머리가 그렇게도 복잡했던가 하는 깨달음이 들고, 나를 힘들게 하던 것들이 한낱 우스운 일들로 여겨집니다. 손바닥만 한 비행기 창문으로 아래를 내려다보면서 내 마음은 들뜨고 심술궂어지기까지 합니다.

"나는 간다. 이 무한 우주 속으로! 너희들은 여기서 실컷 골치 아프게 살아라!"

비행기가 중간 경유지인 인도 뭄바이에 잠시 내렸다가 에티오피아의 아디스아바바 공항으로 기수를 향하는 순간, 약간의 두려움 같은 것이 밀려왔습니다. 단순한 여행 같지가 않고, 그 무엇인가가 마음에 걸리기 시작한 것입니다. 그곳에 가면 굶주린 아이들이 있다는데, 올해만 해도 무려 9백만 명이 죽어가고 있다는데, 정말로 죽어가는 아이들을 보면 어떻게 하지?

고산 지대인 아디스아바바는 생각보다 훨씬 시원한 곳이었습니다. 우기까지 겹쳐 기온이 섭씨 10도에서 20도 사이를 오가는 내가 가장 좋아하는 기온이었습니다. 아디스아바바에서 최종 목적지인 에티오피아 북부에 있는 아마라주볼로라는 곳으로 가기 위해 15인승 프로펠러 경비행기를 탔습니다. 처음 타보는 경비행기는 바람에 장난감 비행기처럼 흔들렸습니다.

아마라주볼로에 도착해 외국 방문객을 위해 지어놓은 게스트 하우스에 짐을 풀었습니다. 방에는 군용침대 하나뿐이고, 침대 한켠에 담요가 한 장 얌전히 개어져 있었습니다. 너무 긴 비행이라 피곤해 담요를 베고 잠시 잠이 들었습니다. 잠깐 동안의 잠이었지만, 나는 커다란 나무들과 그 잎사귀를 뜯어먹는 콧구멍 큰 기린들과 엉덩방아를 찧어대는 낡은 지프에 올라타고 황톳빛 길을 무작정 달려가는 꿈을 꾸었습니다. 그러나 눈을 뜨자, 삶이 그렇듯이 그것은 다 허황된 꿈이었습니다.

그곳 구호단체 직원의 설명을 듣고 나는 어안이 벙벙했습니다. 현재 에티오피아 인구 4천6백만 명 중 9백만 명 이상이 극심한 기아 상태이

인류가 화장품 소비에 180억 달러, 향수 소비에 150억 달러, 애완용 동물 사육에 170억 달러를 쓰고 있을 때, 그 뒤편에서는 아이들이 전염병으로 죽어가고 있다. 1만 달러면 이 도시의 아이들을 모두 예방 접종시킬 수 있는데…….

고, 살아남는다 해도 영양실조로 발육이 안 되거나 비타민A 결핍으로 실명하는 경우가 태반이라는 것이었습니다. 유아 사망율은 1천 명당 142명이나 되고, 다섯 살 이하 사망이 1천 명당 122명, 1인당 국민소득은 130달러, 외채는 30억 달러라고 했습니다. 나는 본래 수치에 어두운 사람이지만, 이게 보통 일이 아니구나 하는 생각이 들었습니다.

의료시설은 8만 8천 명당 의사 한 명꼴이고, 의약품과 의료시설이 턱없이 부족했습니다. 국민의 54퍼센트가 오염된 식수를 마시고 있어서 풍토병 말라리아에 걸리면 꼼짝없이 죽을 수밖에 없었습니다. 이 모든 것들이 4년째 계속되는 가뭄과 군사 쿠데타 이후 이념이 달라서 빚어진 내전 때문이었습니다.

이런 나라들 대개가 그렇듯이 외국에서 오는 원조의 손길들은 정말 가난한 사람에게 도착도 하기 전에 중간에서 다 없어져버려 세력 있는 자들은 더 부자가 되고, 없어서 죽어가는 사람은 더 죽게 되는 악순환의 연속이었습니다. 그나마 이제는 구호물자가 중간에 사라져버리는 일이 줄어들어 다행이라고 했습니다.

내가 상상했던 낭만적인 곳과는 거리가 먼 아프리카! 하다 못해 원숭이들이라도 재미있게 구경할 수 있으리라 여겼던 내 예상과는 달리, 어느새 슬픔의 먹구름이 내 영혼을 채워 버렸습니다.

미치는 이 마음 이대로 얼어터져라

프랑스의 유명한 이집트 학자 마리에트 베이는 이집트 박물관장으로 있었는데, 고대 사원의 제단 밑에서 남자와 여자의 해골이 발굴된 것을 보고 깊은 영감을 받았습니다. 그는 그것에 여러 가지 사건을 덧붙여 한 편의 이야기를 구성했고, 그것을 바탕으로 프랑스의 극작가 뒤 로클이 프랑스어로 쓴 것을, 마지막으로 기슬란조니라는 사람이 이탈리아어로 대본을 만들었습니다.

1869년 수에즈운하의 개통을 기념하기 위해 이집트의 국왕이 수도 카이로에 '이탈리아 극장'을 세워, 운하 개통식에 맞춰 극장에서 상연할 새로운 오페라 작품을 당시 최고의 오페라 작곡가였던 베르디에게 의뢰하게 되었습니다. 베르디는 별로 흥미를 느끼지 못하고 두 번이나 거절했지만, 극장측이 내놓은 대본의 줄거리에 마음이 움직여 당시로서도 유례 없는 거액의 작곡료를 받고 작곡을 하기에 이르렀습니다.

〈아이다〉라는 제목의 이 작품은 오페라 사상 최고의 성공을 거두었으며, 멜로디가 아름다워 누구에게나 사랑받는 작품이 되었습니다. 특히 극 중 1막에서 아이다가 부르는 〈이기고 돌아오라〉, 라다메스의 사랑 노래 〈청아한 아이다〉, 3막에서 아이다가 부르는 〈오, 나의 조국〉 등은 모두 서정성 넘치는 명곡들입니다.

〈아이다〉는 이집트의 총사령관 라다메스와 아이다의 슬픈 사랑 이야기를 담은 작품입니다. 아이다는 원래 에티오피아의 공주였지만, 전쟁의 포로가 되어 지금은 이집트의 왕녀 암네리스를 시중드는 노예로 일하고 있습니다. 그러나 아이다의 신분을 아는 라다메스 장군은 아이다와 사랑에 빠졌고, 이를 질투하는 암네리스는 두 사람의 사랑을 방해합니다. 아이다는 에티오피아 군대와 맞서 싸우기 위해 출격하는 라다메스에게 조국의 승리보다 연인의 승리를 기원하는 마음에서 그 유명한 아리아 〈이기고 돌아오라〉를 부릅니다.

'이 입술로 어찌 이런 부정한 말을 할 수 있겠는가? 아버지를 쳐부수고 승리하라는 것을. 연인의 승리를 바란다면 내 동족의 피가 흐르고, 포로로 끌려오는 아버지를 봐야만 한다. 아버지를 위해 기도한다면 사랑하는 사람을 죽으라고 저주하는 것이니, 어쩔 줄 모르는 이 심란한 마음에 눈물이 흐른다. 미치는 이 마음 이대로 얼어터져라.'

하지만 오페라 3막과 4막에서 아이다는 결국 아버지와 조국 에티오피아를 위해 라다메스를 통해 이집트군의 진격 방향을 알아내고, 적과 내통한 혐의로 라다메스는 신전의 석굴 속에 갇혀 죽음을 맞이하는 운명이 됩니다. 아이다 역시 이집트 군에 붙잡혀 같은 석굴에서 라다메스를 껴안고 둘이서 〈이 땅이여 안녕!〉을 부르며 숨을 거둡니다.

작년 뉴욕에 갔을 때 나는 브로드웨이에서 공연중이던 소박한 뮤지컬

〈아이다〉를 보았습니다. 폭설이 내리는 맨해튼 42번가의 한 뮤지컬 극장에서 본 이 작품은 장중한 오페라와는 또 다르게 에티오피아 공주 아이다와 이집트 장군 라다메스의 사랑 이야기가 더 절절이 가슴에 와닿게 했습니다. 그리고 10년 전 내가 갔던 나라 에티오피아를 더욱 생각나게 했습니다.

에티오피아의 역사는 솔로몬과 시바 여왕의 유명한 사랑 이야기로 시작됩니다. 기원전 1세기 경에 에티오피아를 지배하고 있던 당대 최고의 미인 시바의 여왕은 솔로몬 왕국의 문화를 수입하기 위해 예루살렘에 가서 유대의 왕 솔로몬을 만나고 왕자를 잉태해 귀국한 뒤 출산했는데 그가 메넬리크 1세입니다. 이 메넬리크 1세에 의해 에티오피아 왕조가 발생했고, 기독교 성경과 이슬람의 코란에도 에티오피아의 역사가 등장합니다.

원래 시바는 아라비아 남부의 조그마한 부족 국가의 이름이었다고 합니다. 이들이 홍해를 건너 지금의 에티오피아 땅으로 이주한 뒤에도 한동안 그 이름을 그대로 사용한 것으로 알려지고 있습니다. 빼어난 아랍 여인의 얼굴에 아프리카의 햇볕에 적당히 그을리기까지 한 시바의 여왕은 매우 관능적이었을 것입니다.

이런 이야기가 있습니다.

신이 세상을 창조할 때 진흙을 빚어 인간을 만드셨습니다. 진흙을 구워 첫번째 사람을 만들고 보니, 너무 까맣게 타버리고 말아 땅에 내던졌는데 이들이 아프리카의 흑인들입니다. 두번째 사람은 덜 구워져 너무 하얗게 되어 역시 멀리 내던졌는데 이들이 유럽의 백인들입니다. 마침

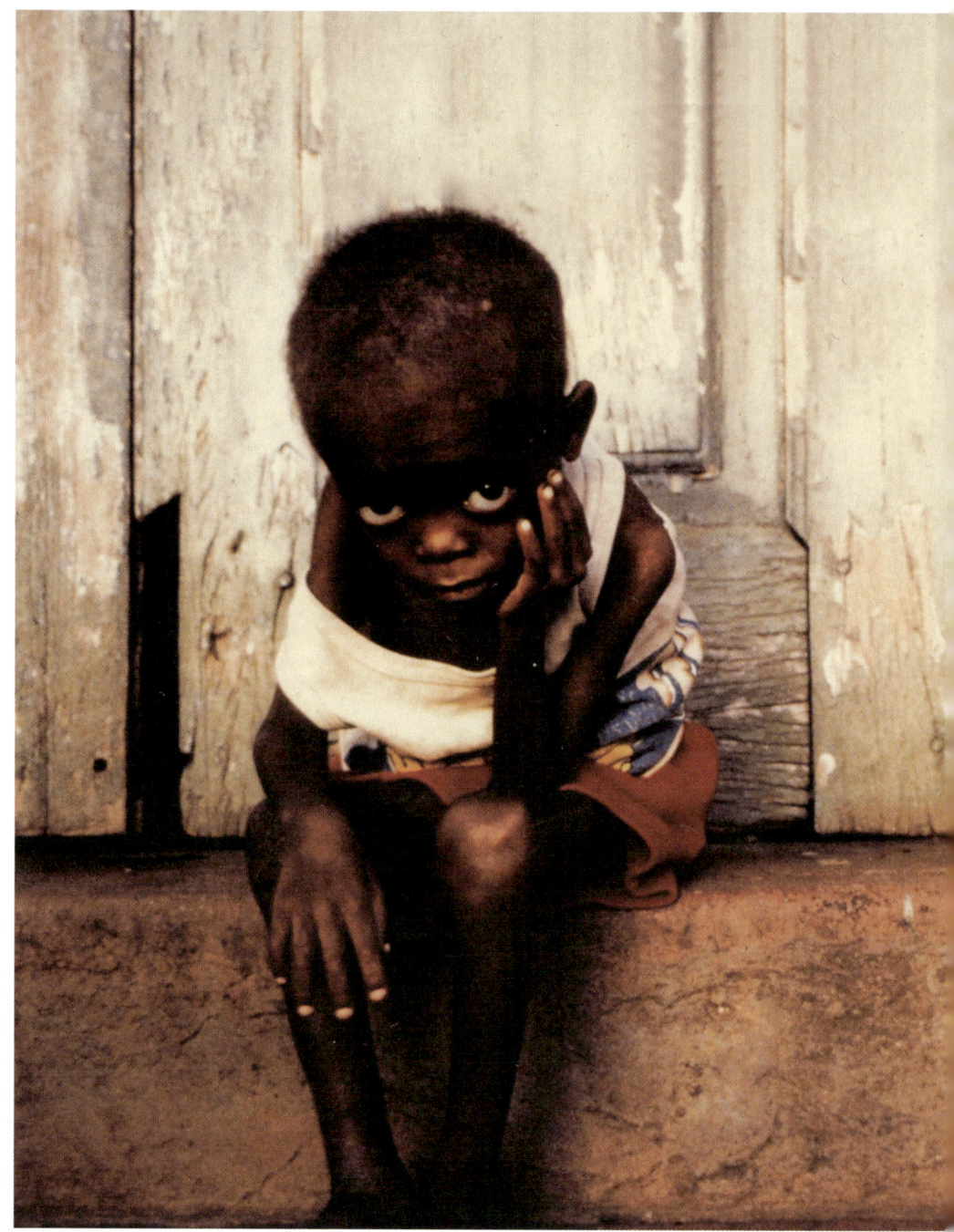

종은 누가 그걸 울리기 전에는 종이 아니다. 노래는 누가 그걸 부르기 전에는 노래가 아니다. 사랑은 주기 전에는 사랑이 아니다.

　내 신은 적당히 구워진 완벽한 사람을 만들어 내셨습니다. 신은 이 연갈색의 사람들을 가장 마음에 드는 장소, 세상의 정상인 에티오피아 땅에 내려놓으셨습니다.

　에티오피아 사람들은 자부심이 강하고, 자신들을 솔로몬 왕과 시바 여왕의 후예라고 여기며, 다른 아프리카인들과는 달리 얼굴이 검지 않고 갈색이어서 흑인으로 불려지는 것을 몹시 싫어합니다. '에티오피아'라는 이름도 그리스어인 '알맞게 그을린 얼굴'이라는 의미라고 합니다. 시바의 여왕과 아이다가 얼마나 매력적인 미인이었을까 하는 것은 지금의 에티오피아 여인들만 봐도 짐작할 수 있습니다. 세기의 소프라노 마리아 칼라스가 부르는 〈청아한 아이다〉를 듣다 보면 아이다의 아름다움이 상상이 갑니다.

　신비 속에 가려져 있던 아프리카가 세상에 알려지기 시작한 것은 19세기 말에 불과합니다. 1860년대까지만 해도 아프리카는 사막과 정글, 예측이 불가능한 기후, 말라리아와 같은 수많은 풍토병, 맹수들이 뛰노는 험난한 지형, 거대한 폭포들 때문에 모험에 미친 탐험가나 선교사들의 활동 무대였을 뿐입니다. 국가 형태나 국경 같은 것도 제대로 그어져 있지 않은 상태였고, 부족들끼리 자연에 의지해 평화롭게 살아가고 있었습니다. 그러나 1870년경부터 1914년 제1차 세계대전이 일어날 때까지 불과 40년 동안에 모든 국경선이 유럽인에 의해 강제로 그어지고, 검은 아프리카 대륙은 그야말로 열강들의 쟁탈전 속에 아수라장이 되고 말았습니다. 어떤 나라는 유럽인이 버리고 간 국기를 보관하고 있다가 나중에 그 나라의 식민지임이 선언되는 실로 어처구니없는 일까지 겪었습니다.

이 슬픈 아프리카 땅에서 오직 두 나라만이 식민지가 되지 않았는데, 라이베리아와 에티오피아가 그 나라들입니다. 하지만 라이베리아는 미국에서 해방된 노예들이 아프리카로 돌아와 세운 나라로서 미묘한 국제 관계를 생각해 열강들 중 누구도 손대지 않았을 뿐입니다. 따라서 자기 나라를 스스로 지켜낸 나라는 에티오피아뿐입니다. 당시의 관례에 따라 다른 열강들의 묵인 하에 이탈리아 군대가 침공했다가 용감한 에티오피아 군대에게 해안에서 거의 전멸당했을 정도라고 합니다. 6·25 때 우리나라에 군대를 파견한 것만 봐도 이 나라의 강한 국력을 알 수 있습니다.

그러나 에티오피아는 1974년부터 17년 동안 이어진 공산 독재, 이웃 나라 소말리아와의 전쟁, 내전 등으로 경제가 밑바닥으로 떨어졌고, 연이은 가뭄으로 대다수 국민이 굶주림에 허덕이게 되었습니다. 에티오피아는 세계 커피의 원산지로 무공해 커피를 생산하고 있으며, 국민들이 커피를 많이 마시는 것으로 유명합니다. 자국에서 생산되는 커피 총생산량의 40퍼센트 이상을 국내에서 소비할 정도입니다. 커피라는 명칭도 최초로 커피나무를 이용한 에티오피아 여인의 이름에서 따왔다는 설이 있습니다. 하지만 주요 수출품인 커피의 국제가격의 하락으로 빈곤이 더 심해졌습니다.

앙상한 뼈만 남은 채 흙바닥에 누워서 얼굴에 파리떼가 붙어도 쫓을 기력이 없는 아이들. 이것이 오늘날 에티오피아의 모습입니다. '새로운 꽃'이라는 뜻의 수도 아디스아바바는 비행기 상공에서 내려다보면 이름 그대로 마치 활짝 핀 코스모스 같습니다. 하지만 지상의 아디스아바바로 내려오면 꽃은 간 곳 없고 지구상 최악의 빈곤이 무엇인가를 실감하게 합니다. 길가에는 코스모스가 피어 있는 것이 아니라 걸인들이 줄지어 서 있고, 병원마다 벼룩과 빈대가 들끓는가 하면, 의약품과 의료 도구는 언제나 부족한 상태입니다. 마취제가 부족해 웬만한 수술은 마취 없이 하기 때문에 환자가 고통을 참지 못하면 그냥 돌려보내기 일쑤입니다. 상처를 치료할 소독약도 넉넉지 않아 숱한 환자들이 수술 뒤 감염 합병증으로 목숨을 잃기도 합니다.

15년 전에 1백만 명의 기근 희생자를 냈던 이 나라에 또다시 검은 죽음의 그림자가 뒤덮여 있습니다. 현재 9백만 명의 사람들이 극심한 기아로 굶어 죽을 위험에 처해 있습니다. 에티오피아에는 한 해 두 번의 우기가 있습니다. 2월 중순에 시작되는 '벨그'라는 비는 비교적 짧은 기간에 내리며, 여름에 시작되는 '메르'라는 비는 오랜 기간 내립니다. 그 중 벨그 비가 농사의 50퍼센트를 좌우하는 결정적인 비인데, 지난 수년간 이 벨그가 전혀 내리지 않았기 때문에 농사가 실패를 거듭했습니다. 그리고 당연히 극심한 식량 부족에 빠지게 된 것입니다.

외국의 자선단체들이 구호활동을 펴고 있는 고드의 보호소에는 심각한 영양실조 증세를 나타내고 있는 1,300명의 아이들이 보호를 받고 있습니다. 이곳에 도착한 아이들은 오랫동안 극심한 영양실조에 시달려왔기 때문에 두 시간에 한 명꼴로 목숨을 잃고 있습니다. 그리고 열 명 중 한 명은 반드시 죽습니다.

한 살짜리 딸 파티를 살리려고 뜨거운 태양 아래 메마른 땅을 50킬로미터나 걸어서 온 코라트는 기력을 잃은 아이의 입에 고단백 영양죽을 떠넣으며 아이에게 달라붙는 파리떼를 쫓고 있습니다. 파티와 같은 아이들은 영양실조, 탈수, 설사 등으로 원래 몸무게의 절반도 안 되는 극도로 약한 상태입니다. 고드에는 7만 5천 명이나 되는 사람들이 양식을 구하러 몰려들고 있습니다. 이들 중 대부분은 집에 아프거나 늙어서 움직일 수 없는 가족들을 두고 왔습니다.

1985년 퓰리쳐상을 수상한 스탠그로스펠드의 사진이 에티오피아의 참상을 단적으로 보여줍니다. 사진 속에는 수단의 난민 수용소에서 굶주림에 지친 에티오피아인 엄마와 딸이 식량 배급을 기다리며 앉아 있습니다. 햇빛을 가리기 위해 기다란 천을 머리와 몸에 두른 엄마, 그리고 벌거벗은 채 엄마의 무릎에 앉아 퀭한 눈으로 미라처럼 갈비뼈를 다 드러내고 있는 어린 딸……. 아이의 두 다리는 말 그대로 실험실의 해골처럼 뼈만 엉덩이에 매달려 있습니다. 엄마 역시 뼈만 앙상한 모습입니다.

이집트 장군을 매혹시킨 청아한 아이다, 왕 중의 왕 솔로몬의 아이를 낳은 세기의 미인 시바의 여왕은 어디로 간 걸까요? 아이다와 시바의 여왕이 죽어서도 울고 있을 것만 같습니다. 단돈 1백 원이면 이들에게 한 끼의 밥을 먹일 수 있는데, 우리가 그렇게 도와주면 안 될까요? 코끼리와 호랑이, 큰 뱀까지 등장하는 대형 오페라 〈아이다〉를 관람하기 위해 수십만 원씩 내는 대신, 그 돈으로 이 여인들과 그들의 딸들을 도와주면 안 될까요?

인젤라 엘름

에티오피아에 도착한 다음 날, 나는 3개월 전까지 내전을 치른 콘볼 차로 갔습니다. 수도 아디스아바바에서 비행기로 한 시간 거리입니다. 농가들은 흙으로 바른 벽에다 풀을 엮어 지붕을 올렸는데, 말만 집이지 고원 지대에 다닥다닥 붙은 흙집들을 보니 심란하기 짝이 없었습니다.

우리의 밥에 해당하는 것이 수수를 갈아서 빈대떡처럼 부친 인젤라인데, 부자들은 그 안에 양고기 다진 것과 야채를 넣어서 먹고, 가난한 사람들은 아무 양념도 없는 수수떡 그 자체만 있어도 감지덕지입니다. 그것마저 없어 굶기를 밥 먹듯 하는 곳이니까요.

아이들은 구호물자로 나눠준 몸에 맞지 않는 옷들을 입고 있는데, 그것도 너무 낡아 구멍이 숭숭 뚫려 있습니다. 맨발로 다니기 때문에 발바닥은 딱딱한 구두 밑창 같습니다. 그 너덜너덜한 옷을 입고, 배가 고파 "인젤라 엘름!(엘름은 '없다'는 뜻입니다)"을 수없이 되풀이하면서도 목에는 무엇을 그리도 주렁주렁 매달고 다니는지, 달 게 없으면 단추라도 실에 꿰어 목에 건 아이가 있습니다. 다 떨어진 원피스에 그 단추 목걸이가 그런대로 잘 어울립니다.

  이 나라의 여인들은 이목구비가 뚜렷한 건 말할 것도 없고, 몸매가 마치 정교히 다듬은 조각 작품처럼 생겼습니다. 얼굴빛은 엷게 뽑은 커피색이고, 무척 아름답습니다. 나라가 못살지만 않는다면 패션의 중심이 파리가 아니라 이곳 에티오피아의 어느 도시가 되었을 법 합니다. 아무리 떨어진 옷을 입어도 그 색감이 피부색과 놀랍도록 조화를 이루고 있습니다. 아이들도 너무 예쁘고, 껴안는 걸 얼마나 좋아하는지 서로 내 손을 잡으려고 다투기까지 합니다.

  하지만 그 아름다움은 고통으로 바느질되고 슬픔으로 재단된 옷입니다. 콘볼차에 도착해 아무 기척도 없는 흙집 안으로 들어가보았습니다. 대낮에도 어두컴컴한 흙바닥에 다 떨어진 담요를 깔고 뼈와 가죽만 남은 남자가 누워 있었습니다. 남자 배 위에는 말라서 궁둥이가 쪼글쪼글한 아기가 엎드려 있었습니다. 그 옆에는 남자아이 하나와 여자아이 둘이 퀭한 눈으로 정물처럼 앉아 있었습니다. 아빠인 듯한 남자가 내 눈을 바라보며 간신히 기운을 내어 말했습니다.

  "난 말라리아로 죽어가고 있어요. 아이들도 언제 죽을지 몰라요. 병든 아내는 먹을 걸 구하러 나갔어요."

  그 순간부터 내 눈에서 흐르기 시작한 눈물은 그해 아프리카를 떠날 때까지 하루도 멈출 줄을 몰랐습니다. 전혀 다른 환경에서 아무 부족함 없이 인기를 누리고 살아오던 내게 한 남자가 자신과 자신의 가족들이 겪는 고통을 호소하고 있었습니다. 손을 들어올릴 힘도 없이 시체처럼 흙바닥에 누운 채로.

만일 냉장고에 먹을 것이 있고, 몸에는 옷을 걸쳤고, 머리 위에는 지붕이 있는 데다 잘 곳이 있는 사람이라면 당신은 이 세상 75퍼센트의 사람들보다 잘 살고 있는 것이다.

닦아도 닦아도 내 눈에선 눈물이 멎을 줄을 몰랐습니다. 아마 그 순간 내 눈물샘 어디선가 실밥이 뜯겨져 버렸다고 나는 생각합니다. 서서도 울고, 앉아서도 울고, 잠들면서도 울고, 꿈 속에서도 울었습니다. 그해에 아프리카에서 흘린 내 눈물만 다 모아도 에티오피아엔 가뭄이 없을 것입니다.

이 사람들은 죽음과 삶을 동시에 기다리고 있습니다. 누군가가 먹을 걸 주면 살아남는 것이고, 아니면 이대로 움막 안에서 죽는 것입니다. 그곳에 사는 사람들 모두가 다 그런 형편입니다.

내 입에서 나도 모르게 이런 외침이 터져나왔습니다.

"하느님, 왜 이러시는 거예요? 어른들은 모르겠어요. 하지만 아이들에게 왜 이런 고통을 주시는 거죠?"

그날 밤, 잠 못 이루며 나도 모르게 수없이 그 말을 중얼거렸습니다. 머리가 혼란스러워, 두통약을 세 알이나 먹어도 머릿속에서 양철 터는 소리가 챙챙 울리고 곧 깨질 듯 아파왔습니다.

다시 아디스아바바로 돌아와 도심지에서 차로 10분쯤 벗어난 르박 천막 난민수용소에 갔습니다. 르박 수용소에는 가난과 내전을 피해 무작정 상경한 5천여 명이 수용되어 있습니다. 우리 일행을 보자 어른 아이 할 것 없이 우르르 달려듭니다. 너무 말라서 앙상하게 뼈만 남은 손가락을 펼치고 "인젤라 엘름!"을 외치며.

강은 가뭄에 바닥을 보이고 있었고 근처에는 물을 찾아온 소떼와 양떼들이 굶어 죽어 썩어가고 있습니다. 그 악취에 코와 입을 막을 수밖에 없습니다. 거기에 붙은 파리들, 그 파리들은 또다시 아이들 눈과 입에 가서 붙고, 무엇이 바쁜지 이리저리 날아다닙니다. 동물들이 굶어 죽기 전에 잡아먹을 일이지, 동물은 동물대로 굶어 죽고 아이들은 아이들대로 굶어 죽어가고 있습니다. 누구를 붙잡고 물어도 시원한 대답이 없습니다.

난민들은 대형 군용천막 하나에 150명 정도씩 살고 있습니다. 이제 막 비가 내리기 시작했다는데 천막이 낡아 해어진 구멍으로 비가 줄줄 샙니다. 사람들은 우리를 보자 "노 블랭킷, 노 텐트!"를 외칩니다. 어떤 이들은 뼈가 허옇게 드러난 다리를 내보이며 약이 없다고 말합니다.

천막 안은 정말 생지옥입니다. 그 많은 사람이 있는 곳에 화장실도 따로 없고 그냥 찢어진 대형 천막 안에서 오물과 함께 살고 있습니다. 아기가 설사를 하면 아기를 조금 옆으로 옮기기만 할 뿐, 그 옆에서 간신히 구한 수수를 찧어 인젤라떡을 만들고 있습니다.

한쪽 구석에는 숯 같은 검은 것으로 아기 이마에 십자 모양을 그어주고서 보채는 아기를 안고 나이 어린 엄마가 서 있습니다. 내가 쳐다보니까 수정 같은 눈물이 그녀의 갈색 뺨으로 주르륵 흘러내립니다. 아기가 아파서 병이 나가라고 십자가 모양을 그려줄 뿐 아무것도 해줄 수 없는 어린 엄마가 그렇게 애처롭게 울고 서 있습니다. 아기는 원숭이처럼 주름 많은 얼굴에 배만 툭 튀어나와 있습니다. 갓난아기가 아니고 세 살이라고 합니다. 못 먹어 발육이 안 된 것입니다.

아기는 축 늘어져서도 손에 무엇인가를 꽉 쥐고 있습니다. 자세히 보니 조약돌만 한 감자입니다. 엄마가 어디선가 얻어서 쥐어준 것이겠지요. 아기는 그것을 입에 넣을 힘조차 없습니다. 다만 놓치면 안 될세라 있는 힘을 다해 꼭 움켜쥐고 있을 뿐입니다.

그 옆에서 내가 할 수 있는 일은 우는 일밖에 없습니다. 죽어가는 자식에게 아무것도 해줄 수 없는 엄마를 바라보며 나는 아이에게 사탕 하나라도 갖다줄 생각조차 하지 못하고 몸을 떨면서 그냥 울고 또 울었습니다. 나중에 한국에서 그 모습이 텔레비전으로 방영되면서 전국의 아이 가진 엄마들이 다 울었습니다.

아디스아바바 대학교 부근의 젤라렘 거리에 있는 또 다른 난민촌도 마찬가지입니다. 대학의 담을 벽 삼아 비닐 한 장으로 지붕을 이은 채 수많은 사람들이 살고 있습니다. 그곳에도 눈, 코, 입 주위에 파리가 잔뜩 붙은 아이들이 넘쳐나고 있습니다. 어딜 가나 난민들이 누워 있고, 병으로 신음하고 있습니다. 아이들은 그렇게 힘없이 앉아 있다가도 낯선 사람만 보면 얼른 "인젤라 엘름!"을 외치며 손을 내밉니다. 지옥이 따로 없습니다.

목이 말라 죽어가면서도 땅을 파면 물이 나온다는 사실을 몰라 비가 오면 맨 먼저 받으려고 하늘 가까운 산꼭대기로 가서 사는 사람들. 미국 봉사단체의 사람들이 와서 땅을 파 물이 솟아나오자 모두 놀라서 도망갔다는 순진무구한 사람들! 산아제한을 이야기하면 그들은 자기네 종족의 씨를 말리려고 한다며 귓등으로 들을 뿐입니다.

천막촌을 돌아보는 동안에는 마땅한 숙소가 없어 시내에 있는 힐튼 호텔에 묵어야만 했습니다. 호텔은 천막촌과는 상관없는 별세계입니다. 레스토랑은 아이들과 즐거운 시간을 보내는 잘 차려입은 사람들로 넘치고, 홀 한쪽에선 아이의 생일 파티가 열리고 있습니다. 아침이 되면 돈

많은 여인들은 모피 코트를 사놓고도 더운 나라라 입지 못하니까 모닝커피를 마시러 올 때 그 옷을 어깨에만 걸치고 나타납니다.

호텔에서 결혼식 하는 걸 보았는데, 신랑은 백마를 타고 등장하고 신부는 길고 긴 리무진을 타고 들어왔습니다. 영화의 한 장면이 따로 없습니다. 아니, 그 호텔 전체가 화면 속 풍경이나 다름없습니다. 그 호텔에서 난민 천막촌까지는 불과 10분 거리이기 때문입니다.

낮 동안 제대로 먹지도 못하고 울며불며 천막촌을 돌아다니다가 호텔로 돌아오면 몸이 피곤해서 견딜 수가 없습니다. 마치 내 몸의 모든 기운이 눈물을 통해 다 빠져나가는 것만 같습니다. 그것은 연기자로서의 눈물이 아니라 인간의 본질에서 흘러나온 뜨거운 눈물입니다.

낮에는 난민촌을 돌아보고 밤이면 호텔로 돌아와 따뜻한 물로 샤워를 하고 푹신한 침대에 누워 있는 내 자신이 그렇게도 싫고 위선적일 수가 없습니다. 세상에 이런 고통스런 삶이 있다는 걸 모르고 살아온 내가 죄인이라고 울며 괴로워하면서도 지금의 이 푹신한 침대가 편안하게 느껴지는 몸 따로 마음 따로인 내가 정말 싫습니다.

그렇게 슬픔과 충격에 몸을 가눌 수 없던 열흘이 지나고 마침내 떠날 날이 되었습니다. 떠나기 전날, 그동안 함께 다니던 그곳 구호 단체 소속의 에티오피아 청년이 사탕수수를 가지런히 잘라 한 다발 묶어서 선물이라고 주었습니다. 나는 또 울음이 터져나왔습니다. 얼마나 무엇인가를 주고 싶었으면 밭에서 사탕수수를 잘라다 주었을까요.

내가 처음 묵었던 게스트 하우스에서 만난 그 청년은 궂은 일을 도맡아 했습니다. 하루는 저녁 무렵 그 청년이 어디서 얻어 입었는지 깡총하게 짧은 다 낡은 베이지색 코트를 깨끗이 빨아 입고서 조심스레 내 방문을 두드렸습니다. 내가 문을 열고 들어오라고 하자, 그는 쭈뼛거리며 짧은 소매를 맞잡고 들어왔습니다. 그리고는 내 앞에 무릎을 꿇고 앉아 간절한 목소리로 말했습니다.

"당신은 유명한 배우라지요? 당신 따라 코리아에 갈 수 없을까요? 전 늘 배가 고프고 공부가 하고 싶어요."

눈이 참 맑은 청년이었습니다. 내가 이 사람을 어떻게 데려갈 것인가? 얼마나 망설이고 망설이다가 용기를 냈을 텐데 어떻게 설명을 하지? 참으로 내가 감당하기 힘든 일이었습니다. 나는 청년의 손을 잡아 일으켜 세우며 말했습니다.

"미안해요. 난 당신을 책임질 수 없어요. 정말 미안해요. 하지만 당신을 잊지 않을 거예요."

내가 그에게 해줄 수 있는 것이라곤 갖고 있던 돈 얼마를 공부에 보태라고 주는 게 고작이었습니다. 그런데 지금 그 청년이 아프리카를 떠나는 내게 사탕수수 한 묶음을 선물이라며 내밀고 있습니다. 나는 그를 껴안아주었습니다. 그도 어색한 몸짓으로 나를 껴안았습니다. 그리고 우리 둘 다 울었습니다. 내 아들보다 어린 청년!

돌아오는 비행기 안에서 난 신에게 기도했습니다. 정말 이런 일로 다시는 아프리카에 오지 말게 해달라고.

내가 그 아이들을 찾아 10년 넘게 아프리카를 다니게 될 줄은 그때는 정말 몰랐습니다. 신이 나를 어디로 데려갈지 몰랐었습니다.

다들 그 청년이 준 사탕수수 다발을 짐 된다고 가져가지 말라고 했지만, 난 그것을 손에 들고 비행기에 올랐습니다. 그리고 집으로 돌아와 냉장고에 넣어놓고 가끔씩 꺼내 입에 넣고 단물을 맛보았습니다. 그럴 때마다 생각했습니다. 에티오피아를, 그 청년을, 병든 아기를 안고 수정 같은 눈물을 흘리던 어린 엄마를.

〈전원일기〉 녹화를 하다가 밥 먹는 장면이 나와도 굶주림에 지쳐 울지도 못하던 그 아이들이 떠올랐습니다. 그럴 때마다 내가 이곳에 이렇게 편안히 있어도 좋은가, 보고 와서 방송 한 번으로 끝내도 좋은 곳이었던가 하는 생각에 힘들었습니다.

11년 전, 미지의 대륙으로 여행을 떠났던 나는 그 여행이 내 남은 생을 지배하게 될 줄 몰랐습니다. 영문도 모르고 따라간 아프리카 여행에서 나는 이 한 가지를 배웠습니다. 산다는 것은 얼마나 치열하고 힘든 것인가. 내게 주어진 한 순간 한 순간들을 무의미하게 흘러가게 할 수는 없다는 것을 내 몸이, 내 마음이 느끼고 돌아왔습니다.

우리가 무슨 잘못을 했나요? 왜 우리를 죽이려 하고 다치게 하고 미래를 훔쳐가나요.

이것이 차라리 드라마라면

　에티오피아를 다녀온 그해, 합동기자회견을 열 만큼 반응이 요란했습니다. 현지에서 촬영해온 다큐멘터리가 방송으로 나가자 열흘 동안 밤낮으로 월드비전 사무실 전화가 불이 날 정도로 울려댔습니다. 사랑의 빵 저금통을 주문하려는 문의가 전국에서 쇄도했습니다. 아프리카 난민을 돕기 위한 운동이 넓게 넓게 퍼져나가는 것이 보였습니다.
　토크쇼에도 수없이 나가고, 바짝 말라버린 아이 앞에서 울고 있는 내 모습이 화면에 나타날 때마다 출연자와 아나운서들까지 함께 울었습니다.
　애초에 기대했던 것 이상의 성과를 거둔 것입니다. 나는 너무나도 좋은 일을 한 사람으로 칭찬받고, 어느 일간 신문은 '톱스타 김혜자 자선가로 변신'이라는 기사를 톱으로 실었습니다. 가면의 생이 생각날 정도로 무안하고 부끄러웠습니다. 그런 감정 때문이었는지 월드비전에서 이번에는 소말리아에 가자고 요청했을 때 나는 한참을 망설였습니다.
　하지만 AFKN 뉴스는 소말리아의 참상을 계속 알리고, 길에 즐비하게 누워 있는 시체들, 새다리처럼 마르고 눈이 움푹 패인 아이들을 연일 보여주고 있었습니다. 에티오피아에 갈 땐 멋모르고 따라갔지만 이번은 아니었습니다. 그곳이 어떤 곳인지, 얼마나 내가 나를 미워했던 곳인지, 얼마나 신을 원망했던 곳인지 나는 생생히 기억하고 있었습니다. 나는 갈등하고 있었습니다.

그러던 어느 날 구로공단에서 일한다는 한 처녀로부터 전화가 걸려왔습니다. 방송을 보고 그동안 소년소녀가장 돕기에 쓰려고 모아온 8만 1천 원을 '사랑의 빵' 성금으로 내고 싶다는 것이었습니다. 아, 이 처녀가 또 나를 소말리아에 가라고 하는구나. 나는 그 처녀의 본래 목적이었던 소년소녀가장 돕는 것은 내가 해주겠다고 말했습니다. 구로공단에서 일해서 받는 돈이 얼마나 될 것인가. 나는 이제 더 주저할 수 없었습니다.

소말리아로 가는 길은 멀고도 멀었습니다. 서울에서 파리까지 열세 시간, 파리에서 케냐의 수도 나이로비까지 여덟 시간, 나이로비에서 소말리아의 바이도아(우리나라 부산에 해당하는 소말리아 제2의 도시)까지 세 시간. 그곳에는 세계 자선단체들이 운영하는 6개 무료급식소 중 하나가 있습니다.

에티오피아에서 돌아와 모아진 성금은 상상을 초월했고, 구호품만 5백 톤이 넘었습니다. 그것을 전달하는 것이 우리의 1차 목적입니다. 일정표에는 나이로비의 사정도 둘러보기로 되어 있습니다. 파리에서도 비행 시간이 엇갈려 하루를 보내야 했습니다. 시내에 나가 영화 〈퐁네프의 연인들〉로 유명한 퐁네프 다리에 가서 서 있기도 하고, 거리의 화가

들을 보기도 했습니다. 아마 그냥 여행으로 온 파리라면 초상화도 그리고 쇼핑도 즐겼을 것이지만, 이번엔 전혀 그럴 생각이 들지 않았습니다. 목적이 어디 있는가에 따라 사람의 마음가짐이 이렇게 달라질 수도 있구나 하는 생각이 들었습니다.

케냐의 나이로비는 관광도시여서 그런지 아프리카 같지 않았습니다. 호텔은 화려하고도 깔끔했고, 호텔 주변은 네온사인 번쩍이는 술집들이 죽 늘어서 있습니다. 거기서 얼마 떨어지지 않은 곳에 있는 커피농장이 우리가 가야 하는 곳입니다.

끝없이 펼쳐진 들판에서 젊은 처녀들이 커피 열매를 따고 있습니다. 10대 초반에서 열다섯 살, 열여섯 살 정도 돼 보이는데 아기 엄마가 대부분입니다. 한 아이는 등에 업고 배가 불룩한 것을 보아 또 임신중임을 알 수 있습니다. 대개 젊은 처녀총각들이 와서 일을 하기 때문에 성생활이 매우 문란하다는 설명입니다. 낮에 일하고 그들이 밤에 할 일이 뭐가 있겠는가 싶습니다. 젊음은 주체할 수 없고, 게다가 우리나라처럼 자기 먹을 건 갖고 태어난다고 여기고 있습니다. 그러니 가는 곳마다 아이들이 많을 수밖에 없습니다.

그들이 살고 있는 움막 같은 곳에 들어가보았습니다. 대여섯 평쯤 돼 보이는 곳에 열두 명이 살고 있습니다. 어머니가 둘이고 나머지는 그 자녀들입니다. 어머니가 자식들을 낳고, 또 그 자식들이 아기를 낳고, 그런 식입니다. 아기에게 젖을 물리고 있는 열다섯 살짜리 엄마가 이 집의 큰딸입니다. 가엽기도 하고 한심하기도 했습니다. 칸막이도 없는 이 움막에서 어떻게 이들이 사랑을 나누는 걸까. 이곳의 농장은 에티오피아에 비해선 형편이 나아 보였지만, 케냐 사람들 역시 굶어 죽지 않을 만큼 살고 있습니다.

이 넓고 넓은 땅에 파인애플이나 바나나 같은 것을 심으면 훨씬 나은 생활을 할 수 있지 않을까. 하지만 이곳의 농장들은 거의 외국의 자본으로 이루어진 것입니다. 현지인들은 단지 싼 임금으로 고용된 노동자일 뿐입니다. 그래도 마음의 위로가 되는 것은 배는 곯지 않으니까 아이들이 신나게 논다는 것입니다. 깡통 같은 것을 북 삼아 두들기며 신나게 춤을 추어대고 있습니다. 이 아이들의 미래에는 무엇이 기다리고 있을까. 어쨌든 잘 놀고 있으니 다행입니다.

이튿날 새벽 다섯 시. 소말리아에 가기 위해 우리는 케냐의 윌슨 공항으로 갔습니다. 시골 간이 기차역 같은 윌슨 공항에는 뿌연 새벽 안개 속에 경비행기들이 줄지어 서 있고, 구호품이 산처럼 쌓여 있습니다. 그 비행기들은 구호품을 나르는 일을 하는 것 같았고, 그중 한 비행기에 우리도 올라탔습니다. 거기서 소말리아까지 세 시간 걸린다고 해서 모두 멀미약을 먹었습니다. 나는 몸의 구조가 어떻게 생겼는지 지난번 에티오피아에서 탔던 경비행기 안에서도 아무렇지도 않았고 몹시 기체가 흔들릴 때면 스릴감까지 느꼈었습니다. 이번에도 나만 멀미약을 안 먹었습니다. 그저 머리가 조금 띵할 뿐입니다.

조종사는 흰 와이셔츠를 단정히 입은 잘생긴 젊은이입니다. 그는 우리를 향해 한 번 웃고는 이내 조종석으로 고개를 돌렸습니다. '우리 잘 갑시다' 하듯이. 세 시간 동안 우리는 별 얘기 없이 그저 하늘만 보았습니다. 저 조종사는 하루에 몇 번씩 비행을 하는 걸까. 보이는 것은 세 시간 동안 하늘뿐인데, 조종석 의자 위로 보이는 그의 어깨가 매우 고독해 보였습니다.

기체의 요동을 견뎌내며 간신히 도착한 바이도아 공항은 그냥 흙먼지만 풀풀 날리는 공터였습니다. 총을 들고 선 군인들, 흙먼지 날리며 달리는 트럭과 지프…… 총소리만 안 들렸지 전쟁터 그대로입니다. 공항을 빠져나와 10분 정도 차를 타고 가니까 검문소가 나왔고, 거기서 우리가 탄 트럭 운전사에게 총 두 자루를 건네주었습니다. 구호물품이 강탈되는 것을 막기 위해 호주 군인들이 경비를 한다고 했습니다.

먼지가 끊이지 않는 길을 따라 다 부서져버린 집들과 망가지고 불탄 자동차들이 군데군데 보입니다. 가는 도중 마주치는 보급차량의 행렬, 총을 든 군인들이 타고 있는 차량과 검문소 등이 전쟁터를 방불케 합니다.

사람도, 부서진 집도, 군인들이 쓴 철모도 흙먼지를 뿌옇게 뒤집어 쓰고 있습니다. 모든 것이 뿌옇기만 합니다. 지붕 없는 차를 탄 내 얼굴도 그럴 것입니다.

태양은 불타듯 내리쪼이고, 판자와 비닐로 엉성하게 얽어놓은 움막 주위로 분꽃처럼 생긴 꽃들이 빨갛게 피어 있습니다. 그것도 아주 많이 흐드러지게.

'내가 지금 드라마를 찍고 있는 건가? 이곳은 세트장인가?'

드라마가 끝나면 뜯어버리는 세트라면 좋겠다는 생각이 문득 들었습니다. 그러면 그 이튿날은 화사한 꽃들이 피어 있는 정원에서 아이들은

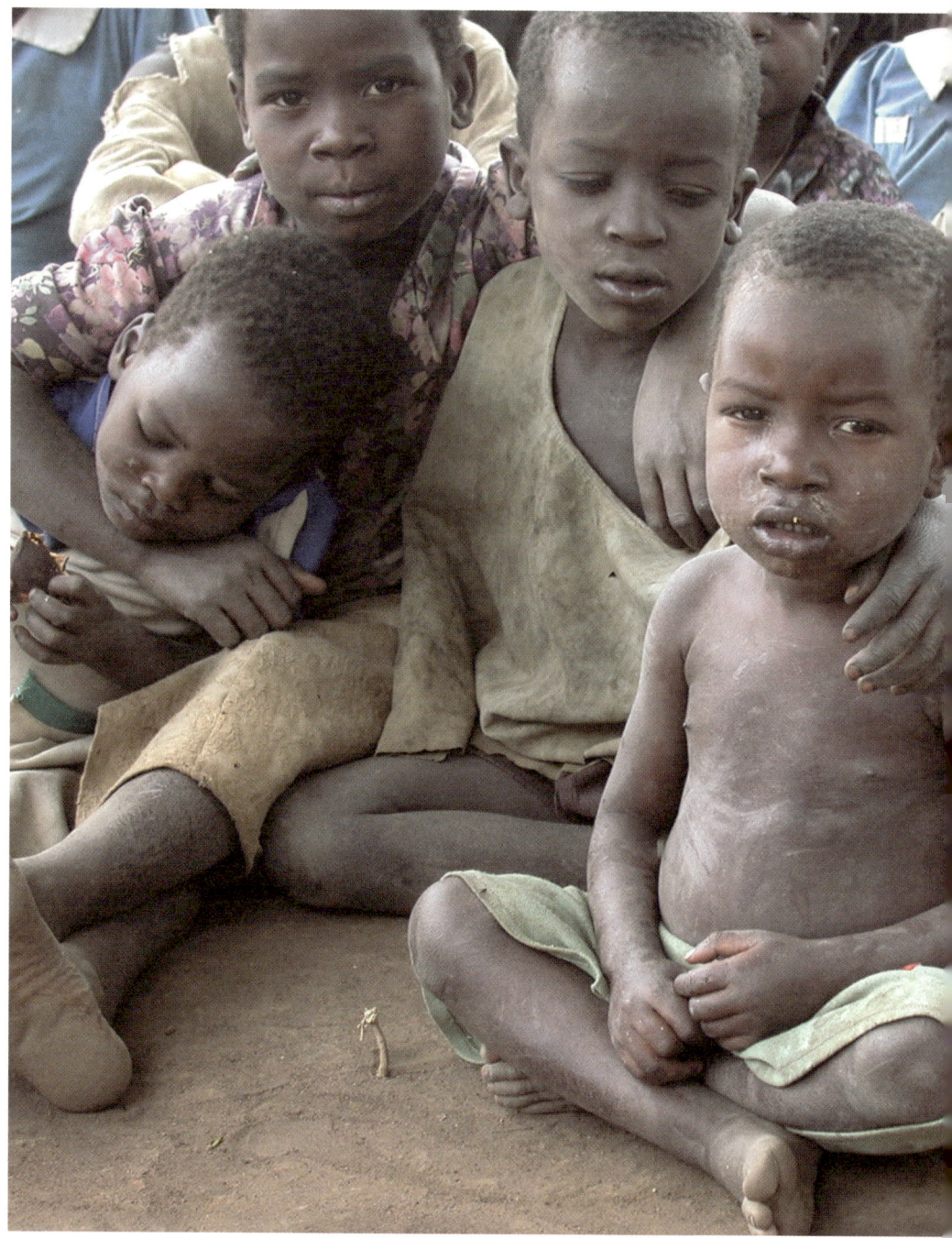

사람들은 명상과 자비심에 대해 말하지만, 살아 있는 어린 생명들을 눈여겨보는 것이야말로 진정한 사랑의 정신이다.

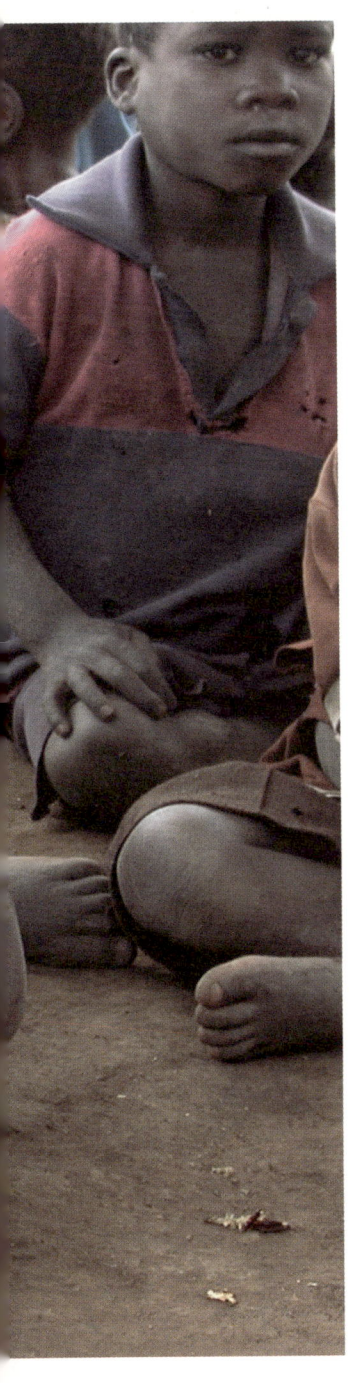

강아지와 놀고 있고 엄마 아빠는 차를 마시고 있는 행복한 가정을 촬영할 수도 있으니까요.

    그러나 전쟁은 결코 야외 녹화장이 아닙니다. 이곳에는 피비린내 나는 죽음이 있고, 총상을 입어 팔다리가 절단된 아이들의 신음 섞인 울음이 있고, 절망에 찬 영혼의 고통이 있습니다. 이 모습들은 결코 드라마 촬영을 위한 분장이 아닙니다. 머리에 감은 붕대에 내비치는 피는 토마토케첩이 아니고, 귓전을 때리는 총성은 결코 효과음이 아닙니다. 이것은 실제 상황입니다.

전쟁은 죽은 자에게만 끝난다

　세상에서 유일하게 입출국이 자유로운 나라가 있습니다. 다른 나라는 공항이나 국경에서 반드시 입출국 심사와 함께 확인도장을 받아야만 합니다. 하지만 그런 것이 필요없는 나라가 있습니다. 이 나라에는 공항도 없고, 입출국을 신고할 곳조차 없기 때문입니다. 나아가 이 나라에는 정부라는 것 자체가 존재하지 않습니다.

　매우 이상적인 나라처럼 들리지만, 사실은 '지구상의 살아 있는 지옥'이라 불리고 있습니다. 아프리카 지도를 거대한 들소의 머리에 비유하면 동쪽으로 뿔처럼 툭 튀어나온 부분이 있습니다. 그곳이 바로 소말리아입니다.

　길고 폭이 좁은 소말리아는 케냐, 에티오피아, 그리고 북쪽으로는 예멘, 동쪽으로는 인도양과 접하고 있습니다. 소말리아의 진정한 가치는 수에즈운하의 입구에 위치해 있기 때문에 중동 지방과 연결되는 곳이라는 데 있습니다. 따라서 인구 대부분이 회교도이고, 종족간의 전쟁과 유엔의 간섭이 있기 전에는 대다수가 유목민이었습니다. 면적이 한반도의 세 배 가량인 국토의 나머지는 쓸모없는 사막이지만, 중남부 지역은 기우바강이 있어 농사짓기에 충분한 물을 공급해줍니다. 고대 이집트 사람들은 소말리아를 유황과 몰약으로 유명한 푼트의 땅으로 알았다고 합니다.

잘 알다시피 미국은 케냐와 탄자니아 주재 미국대사관 폭파 사건과 뉴욕 9·11테러의 배후 인물로 오사마 빈 라덴을 지목하고 있습니다. 그리고 그의 추종세력인 알 카에다의 훈련 기지가 소말리아에 있다고 미국은 의심하고 있습니다. 그래서 별 소득 없이 끝난 아프가니스탄 전쟁의 다음 목표로 소말리아를 꼽고 있고, 세계가 다시 이 불행한 나라를 주목하고 있습니다.

유엔 관리들은 소말리아를 아프리카의 블랙홀이라 부릅니다.

유목민들의 나라이기에 '젖을 짜는 사람들'이라는 뜻을 가진 이 나라는 1800년대부터 북부는 영국에게, 남부는 이탈리아에게 오랫동안 식민통치를 받았습니다. 1960년 마침내 독립했을 때, 소말리아는 아프리카에서 가장 성공적으로 안정을 이룬 모델 국가로 갈채를 받았습니다. 여러 부족들이 한 언어를 사용하고, 이슬람교라는 하나의 종교 아래 단결함으로써 분쟁 없이 살아가고 있었습니다.

그러나 독립 후 정권을 잡은 모하메드 시아드 바렌은 22년간 독재정치를 했습니다. 이에 반정부 세력들이 구성돼 무기를 갖추고 저항하기 시작했습니다. 수 년 간에 걸친 부족간의 전쟁은 대기근을 가져왔고, 몇 번의 가뭄까지 겹쳐 30만 명이 굶어 죽는 초유의 사태가 일어났습니다. 1991년, 극도의 혼란과 무정부 상태 속에서 모하메드 시아드 바렌 대통령은 반군연합 세력의 공격을 받고 국외로 도망을 쳤습니다.

문제는 이때부터 더 커졌습니다. 소말리아의 반군들은 권력을 놓고 여러 파벌로 나뉘어 전쟁에 돌입했습니다. 특히 모하메드 파라 아이디드는 최강의 군벌로 수도 모가디슈를 장악했을 뿐 아니라, 굶어 죽어가는 소말리아인들을 돕기 위해 국제 사회가 보낸 원조물들을 전부 가로채 무기로 바꿨습니다.

이에 세계가 들고 일어나면서 구호물자를 지키기 위해 미군을 중심으로 한 유엔평화군이 파견되었습니다. 특히 미국은 인도양과 홍해를 감시할 수 있는 중요한 위치에 있는 소말리아에 친미 정권이 들어서길 희망하며 2만 명의 해병을 급파했습니다. 그 결과 식량은 안전하게 주민들에게 배급되고 안정이 찾아왔습니다.

1993년 4월, 미 해병이 철수하자 반군 대장 아이디드는 유엔평화군에 전쟁을 선포했습니다. 파키스탄 군인 스물네 명이 죽고, 남아 있던 미군까지 공격 목표가 되었습니다. 이에 미군은 그해 10월 3일 일요일, 아이디드의 각료들을 체포하기 위해 아이디드가 장악하고 있는 지역인 수도 모가디슈의 한복판에 특수부대 120명 가량과 최정예 전투기 블랙 호크, 수송 차량 등을 투입해 군사 작전을 펼쳤습니다.

해안의 미군 기지에서 불과 3분 거리인 만큼, 다들 한 시간 안에 작전을 마치고 돌아오리라고 생각했습니다. 하지만 소말리아 민병대들은 예상 밖의 전투력을 갖추었고, 오후 네 시에 시작된 전투는 다음날 아침 여섯 시 30분까지 끝나지 않았습니다. 그리고 20분 간격으로 최정예 헬기 블랙 호크 두 대가 민병대의 미사일에 맞아 추락합니다. 다음날

CNN에서 성난 소말리아인들이 옷을 벗긴 미군 시체를 난자해 끌고 다니는 모습을 방영하자 세계가 놀랐습니다. 미군 측은 사망 열아홉 명에 부상자가 80여 명이었습니다. 하지만 소말리아 쪽 피해자는 1천 명을 넘었습니다.

베트남전 이후 최대의 미군 희생이라는 불명예를 쓴 미국 정부는 이 사건에 대해 굳게 입을 다물었습니다. 전투가 있고 나서 3년이 지나 신문기자 마크 보우덴이 당시 전투에 참여했던 열두 명의 특수부대원을 일일이 만나 인터뷰를 하고 소말리아로 목숨을 건 긴 여행을 한 뒤, 《블랙 호크 다운》이란 책을 썼습니다. 그리고 이 책은 리들리 스콧 감독에 의해 2002년 같은 제목으로 영화화되기에 이릅니다. 리들리 스콧 감독은 SF 영화의 교과서라 불리는 〈에일리언〉과 〈한니발〉, 그리고 2001년 아카데미상에 빛나는 〈글래디에이터〉를 만든 사람이며, 〈블랙 호크 다운〉으로 2002년 제74회 아카데미 감독상 4개 부문 후보에 올라 편집상과 음향상을 수상했습니다.

영화가 끝난 후의 얘기는 이렇습니다. 미군은 친미 정권 수립이 어렵다고 보고 소말리아에서 철수합니다. 지금은 추락한 블랙 호크의 잔해를 놀이터 삼아 티 없이 순수한 소말리아의 아이들이 뛰놀고 있습니다. 물론 현재도 소말리아에는 내전이 계속되고 있습니다. 대통령이 있지만 아무도 따르지 않고, 과도 정부는 국토의 일부만을 장악하고 있을 뿐입니다. 모가디슈 공항도 반군들이 서로 자기네 영토라고 주장하기 때문에 비행기가 내릴 수 없습니다. 이제는 소말리아의 사태가 아무리 비극적으로 흘러가도 이 나라에 군대를 파견할 나라는 없습니다. 미국이 당

다른 사람들의 손을 잡아주고, 안아주고, 어깨를 토닥여줄 수 있는 사람이라면 당신은 축복받은 사람이다.
아픔을 치유해줄 수 있는 손을 내밀 수 있기에.

한 것을 보았기 때문입니다. 소말리아만이 아닙니다. 1994년 르완다 난민이 50만 명이나 학살당했을 때도 강대국들은 소말리아 사태를 떠올리며 수수방관했습니다.

개인 차원의 자원봉사자들만이 죽어가는 사람들을 살리기 위해 열악한 환경 속에서 악전고투하고 있을 뿐입니다. 2003년 10월 5일에는 소말리아 북부 보라마에서 자신이 설립한 결핵병원을 걸어나오던 아날레나 토넬리가 밖에서 기다리던 괴한이 쏜 총에 맞아 숨졌습니다. 목격자들은 범인이 아날레나의 이마를 향해 권총 두 발을 쏜 뒤 도주했다고 말합니다.

이탈리아 출신인 아날레나가 소말리아 빈민을 위한 삶을 시작한 것은 꽃다운 나이인 스물일곱 살 때부터입니다. 소말리아인들이 모여 살던 케냐 동북부에서 문맹퇴치운동을 시작한 그녀는 많은 사람이 결핵으로 고통받는 것을 보고 치료를 위해 직접 열대의학과 결핵, 나병의학을 전공했습니다. 1986년 소말리아로 건너온 그녀는 친척과 아는 사람들의 도움으로 2백 병상 규모의 결핵병원을 설립하고 그 일에 평생을 바쳤습니다.

그녀의 헌신적 봉사활동은 현지인들로 하여금 서양 출신의 자원봉사 요원들을 모두 '아날레나'로 부르게 할 만큼 감동을 주었습니다. 특히 아프리카에서 활동중인 대부분의 구호요원들이 여러 원조단체에 소속돼 보수를 받으며 일하는 데 비해, 아날레나는 독립적인 활동을 위해 아무런 단체의 도움 없이 혼자서 모금한 돈으로 독자적인 봉사 활동을 폈습니다.

유엔난민고등 판무관실에서는 그녀의 업적을 기려 2003년 4월 국제 원조활동의 노벨상으로 불리는 '난센상'을 수여했습니다.

아날레나가 평소 힘써온 여권신장 운동을 싫어한 사람들이 그녀를 살해한 것으로 추정되고 있을 뿐, 범인은 아직까지 잡히지 않고 있습니다. 그녀와 함께 일했던 유엔난민고등 판무관실의 직원들은 "아날레나는 아프리카 생활을 결코 희생으로 여기지 않았으며, '세상 누구도 이처럼 아름다운 삶을 누릴 수 없을 것'이라며 행복해했다."고 전합니다.

소말리아는 이제 굶주림과 절망, 출구가 보이지 않는 어둠, 혼돈과 무정부 상태를 의미하는 단어가 되었습니다. 한 소말리아 청년은 "소말리아를 지도 위에서 찾을 수는 있지만, 그 나라는 이미 죽었다."고 말합니다.

소말리아의 수도 모가디슈는 거대한 벌집처럼 사방에 온통 총알 구멍뿐입니다. 성한 건물은 찾아볼 수 없고 대부분 총알 세례와 폭격으로 무너져버렸습니다. 도로는 다 부서져서 제대로 다닐 수조차 없습니다. 대낮에도 강도와 약탈이 저질러지기 때문에 정신 차리지 않으면 양말까지 빼앗길 판입니다. 총으로 무장한 경호원이 없으면 한 발자국도 움직일 수가 없습니다. 자동차에는 번호판도 유리창도 없고, 차마다 총알 구멍이 수두룩합니다. 강도를 당해도 정부가 없기 때문에 신고하거나 해결해줄 곳이 없습니다. 블랙홀 그 자체입니다.

여기에 알 카에다는 테러를 자행하기 위해 훈련소를 차리고 있고, 먹을 것 없는 청년들이 그리로 몰려듭니다. 어디를 둘러 봐도 희망이 없는 나라. 물도 전기도 끊기고, 인간에게 영혼이 있다는 것을 생각할 겨를조차 없는 나라 소말리아! 10년 이상 지속된 내전으로 1백만 명이 숨졌지만, 10여 개가 넘는 이 나라의 반군 지도자들은 여전히 싸울 궁리만 하고 있습니다.

잭 켈리라는 한 신문기자가 소말리아의 비극을 취재하다가 겪은 체험담이 있습니다.

기자 일행이 수도 모가디슈에 있을 때의 일입니다. 그때는 기근이 극심한 때였습니다. 기자가 한 마을에 들어갔을 때, 마을 사람들은 모두 죽어 있었습니다. 그 기자는 한 작은 소년을 발견했습니다. 소년은 온몸이 벌레에 물려 있었고, 영양실조에 걸려 배가 불룩했습니다. 머리카락은 빨갛게 변해 있었으며, 피부는 한 백 살이나 된 사람처럼 보였습니다.

마침 일행 중의 한 사진기자가 과일을 하나 갖고 있어서 소년에게 주었습니다. 그러나 소년은 너무 허약해서 그것을 들고 있을 힘이 없었습니다. 기자는 그것을 반으로 잘라서 소년에게 주었습니다.

소년을 그것을 받아들고는 고맙다는 눈짓을 하더니 마을을 향해 걸어갔습니다. 기자 일행이 소년의 뒤를 따라갔지만, 소년은 그것을 의식하지 못했습니다. 소년이 마을에 들어섰을 때, 이미 죽은 것처럼 보이는 한 작은 아이가 땅바닥에 누워 있었습니다. 아이의 눈은 완전히 감겨 있었습니다. 이 작은 아이는 소년의 동생이었습니다. 형은 자신의 동생 곁에 무릎을 꿇더니 손에 쥐고 있던 과일을 한 입 베어서는 그것을 씹었습니다. 그리고는 동생의 입을 벌리고는 그것을 입 안에 넣어주었습니다. 그리고는 자기 동생의 턱을 잡고 입을 벌렸다 오므렸다 하면서 동생이 씹도록 도와주었습니다.

기자 일행은 그 소년이 자기 동생을 위해 보름 동안이나 그렇게 해온 것을 나중에야 알게 되었습니다. 며칠 뒤 결국 소년은 영양실조로 죽었습니다. 그러나 소년의 동생은 끝내 살아남았습니다.

영화 〈블랙 호크 다운〉은 다음과 같은 자막으로 시작됩니다. 플라톤이 한 말이라고 적혀 있습니다.

'전쟁은 죽은 자에게만 끝난다.'

울지 않는 아이들

경비행기를 내린 곳에서 급식소까지는 40분 정도 거리입니다. 차로 40분이나 걸리는 이 급식소로 사람들은 걸어서 옵니다. 한 그릇의 영양죽을 먹으려고. 하지만 이곳까지 올 기력조차 없는 사람들이 훨씬 더 많다고 합니다.

급식소는 나무 기둥을 네 군데 세우고 위에 천막을 덮은 간이시설입니다. 너무나도 뜨거운 햇빛을 가리기 위해선 어쩔 수 없습니다. 나무를 때서 죽을 쑤는 드럼통 앞에 사람들이 줄지어 앉아 있습니다. 대부분이 아이들입니다. 아이들의 팔다리는 새처럼 가늘고 배만 볼록 튀어나와 있습니다. 그곳까지 걸어오느라 탈진해서 그런지 아이들은 아무 표정이 없습니다.

나를 찌르는 듯한 느낌에 뒤돌아보니 머리에 보자기를 뒤집어 쓴 소녀가 자기 입을 가리켜 보입니다. 가까이 다가가서 보니까 코를 찌르는 냄새와 함께 입 속이 다 썩어 곪아 있습니다. 아무리 진수성찬이 차려져 있어도 이 소녀는 먹을 수가 없습니다. 이 지경이 되어서도 여길 왔구

나. 이것도 영양실조 증상의 하나라고 합니다.

급식소 옆에서는 작은 천막을 쳐놓고 의료봉사를 하고 있습니다. 그곳에도 아기를 안은 엄마들이 줄지어 있고, 아기 체중을 다는데 아기를 보자기에 싸서 큰 저울에 걸어놓고 몸무게를 잽니다. 그리고는 아기 목에 '영양실조'라고 쓰여 있는 팻말을 걸어 줍니다.

그곳에서 주사 맞는 아기를 안고 있는 한 엄마와 눈이 마주쳤습니다. 그 엄마는 얼른 눈을 내리깔았습니다. 아기가 얼마나 말랐는지 주사 바늘이 아기 팔뚝보다 굵게 보입니다. 아기는 그 큰 주사 바늘이 들어가는데도 울지 않습니다. 보고 있는 엄마의 눈에만 곧 떨어질 듯 눈물이 맺혔습니다. 나는 차라리 아기가 울었으면 좋겠다고 생각했습니다. "으앙 으앙." 하고 큰 소리로! 이 글을 쓰면서도 난 콧등이 시립니다. 아기는 끝내 울지 않았습니다. 울 힘조차 없는 아이……. 엄마도 자식을 위해 아무것도 해줄 수가 없습니다. 주사를 맞은 아기의 머리를 쓰다듬으며 뒷사람에게 자리를 내주느라 옆으로 비켜설 뿐입니다.

우리나라 돈으로 2백 원이면 심한 설사로 탈수증세를 보이는 아이를 살릴 수 있는 구강수분(소금, 설탕, 물을 배합한 것)을 배급할 수 있습니다. 8백 원이면 영양실조로 인한 실명에서 구할 수 있는 고단위 비타민 A를 줄 수 있습니다. 그리고 1만 원이면 이곳 아프리카에서 죽어가는 사람 하나를 한 달 이상 먹일 수 있습니다. 한 달 동안 한 사람의 생명을 유지할 수 있는 최소한의 급식은 옥수수가 10~20킬로그램, 콩이 1킬로그램, 그리고 채소가 0.5킬로그램입니다. 그것이 없어 곳곳에서 3천만 명이 죽음을 눈앞에 두고 쓰러져 있습니다.

아이는 너무 말라 오래 안고 있어도 팔이 아프지 않았다. 그것이 더 슬펐다. 아이는 아주 자연스럽게 내 젖가슴에 손을 댔다.

진료를 마친 아이들에게는 바나나 한 개씩을 줍니다. 아무런 기운도 없어 보이던 아이들이 바나나를 받을 땐 채갈 듯 받아서 가슴에 품습니다. 어떤 아이는 바나나를 한 개 더 타려고 주사 맞는 줄 뒤에 다시 가서 서 있다가 간호사에게 들켰습니다. 하지만 간호사는 슬그머니 바나나를 한 개 더 주었습니다.

　여기서 의료봉사를 하는 이들은 미국, 호주 등 다 잘사는 나라에서 온 의료진들입니다. 그들을 보며 나는 한 가닥의 희망을 발견했습니다. 아이들을 마치 자기 자식처럼 불룩 튀어나온 배를 톡톡 쳐주고, 남자아이면 권투하자는 시늉을 하고, 여자아이면 예쁘다, 귀엽다, 이제 곧 나아 배도 들어갈 거야 하며 달래줍니다. 그 자원봉사자들 앞에서 무표정하던 아이들이 희미하게 웃는 것을 보았습니다. 하루 종일 뙤약볕 아래서 아이들을 돌보는 의사, 그 곁에서 아이들의 팔에 소독약을 바르는 초로의 간호사……, '그래서 내가 너희를 보냈지 않은가?' 하신 바로 그 너희들이 이런 사람들이구나 하는 걸 나는 느꼈습니다.

　그들을 보며 나는 말도 안 되는 생각을 했습니다.

　'나도 여기에 간호사로 남을까.'

　영어를 몰라도 되고, 소독약 바르고 목에 영양실조 카드 채워주는 일 정도는 할 수 있을 것 같았습니다. 그때 잠깐 들었던 생각이지만, 나는 지금도 그런 생각을 하곤 합니다. 내 연기 인생이 다 끝나면 나는 아프리카에 가서 가난한 아이들과 살고 싶습니다. 모든 것을 잊고, 한 명의 아이라도 더 껴안아주며 생을 마치고 싶습니다.

　나는 아이들에게 죽 퍼주는 일을 했습니다. 한 국자라도 더 많이 주고 싶지만 기다리는 아이들이 너무 많았습니다. 그것도 일이라고 죽을 푸다가 그만 손을 데었습니다. 얼마나 쓰리고 아프던지……. 입 안이 다 썩어 먹지 못하는 소녀, 다리 하나가 코끼리 다리처럼 부은 사람, 이런 이들의 고통 앞에서 뜨거운 죽에 조금 데었다고 쓰라려하는 내 자신이 미안하고 부끄러웠습니다.

여섯 살쯤된 남자아이가 두 살쯤된 동생을 업고 서 있습니다. 업힌 아이는 여자아이 같습니다. 몸은 너무 더럽지만, 인형처럼 예쁜 것으로 봐서 여자아이입니다. 등에서 떨어질까봐 깡마른 갈퀴 같은 손으로 뼈만 남은 오빠의 어깨를 움켜쥐고 있습니다. 부모가 이번 내전에 다 죽은 아이들입니다. 이 아이들을 어떻게 하면 좋을까요.

또 다른 남자아이는 죽을 손으로 떠서 다 먹은 뒤 나를 빤히 쳐다보았습니다. 그 눈이 너무 애처로워 품에 안아주었습니다. 아이는 아주 자연스럽게 내 젖가슴에 손을 댔습니다. 엄마 품에 안긴 것처럼. 그렇게 나는 한 시간이 넘도록 그 아이를 안고 있었습니다. 아이는 너무 말라 아무리 오래 안고 있어도 팔이 아프지 않았습니다. 그것이 더 슬펐습니다. 넌 너무 말라서 땅에 내려놓아도 발자국도 생기지 않겠구나. 넌 벌써 혼밖에 남지 않은 것 같구나.

하지만 이 아이를 언제까지 안고 있을 수가 없습니다. 엄마 품인 양 내게 안긴 이 깡마른 아이를 나는 내려놓고 가야 합니다. 아침에 타고 온 경비행기가 우리를 다시 케냐로 데려가려고 기다리고 있습니다. 이곳 소말리아에는 하룻밤 묵을 곳조차 없기 때문에. 바닥에 내려놓은 뒤에도 아이는 비틀거리며 나를 엄마처럼 계속 따라다녔습니다. 그후 지금까지 나는 그 아이가 잊혀지지 않습니다.

신은 왜 아프리카를 만드셨는지 모르겠습니다. 이렇게 모른 체할 것이라면.

경비행기 안에서 늦은 점심으로 샌드위치와 물을 먹었습니다. 새벽에 커피 한 잔 마신 것이 전부여선지 배가 고팠습니다. 하루 좀 부실하게 먹었다고 배고픈 내가 한심하기만 합니다.

'제발 살아 있거라, 아이들아. 내가 너희들을 내 가슴에 사진 찍었다. 내 나라에 가서 너희들을 본 대로 얘기할 거야. 우리나라 사람들은 인정이 많단다. 서울에서 추석이나 명절에 고아원에 가려고 남대문 시장에 가서 옷을 사면 그곳 장사하시는 분들은 내가 사는 것의 몇 배나 되는 옷을 그냥 주신단다. 그렇게 정 많은 사람들이 있으니까 너희들도 도와줄 거야. 그리고 세계가 다 너희들을 보고 있다. 아이들아, 제발 견뎌다오. 죽지 말아라.'

행복이라는 이름의 불행

아침에 눈을 뜨면 반쯤 올라간 커튼 밑으로 부드럽게 하늘과 닿아 있는 언덕이 내다보이고, 거기 잎 떨군 아카시아나무들이 회색에 가까운 하늘을 배경 삼아 명상하듯 조용히 서 있습니다. 가끔 가다 박새들이 잔가지들을 흔들며 포르르 포르르 날아다닙니다. 나무의 몸은 미동도 하지 않는데 잔가지들은 한참을 떨고 있습니다. 저렇게 조그만 새가 잠깐 앉았다 가는데도.

내 자신이 종교인이면서도 나는 가끔 종교라는 것이 싫어질 때가 있습니다. 그것이 어떤 종교든 다 싫어질 때가 있습니다. 인류 역사에서 가장 많은 전쟁을 일으킨 것이 바로 종교이기 때문입니다. 차라리 종교나 신이 존재하지 않았으면 좋겠다고 생각한 적도 있습니다. 내세도, 천국도, 이념도 없는 세상을 꿈꿉니다. 그런 것들이 나는 다 싫습니다. 그냥 순수한 인간과 동물과 꽃, 나무들만 존재하면 좋겠습니다. 그러면 싸우지 않을 테니까요.

지난 1백 년 동안 지구상에서 전쟁이 일어나지 않은 날은 불과 14일

오늘 당신이 하는 좋은 일이 내일이면 잊혀질 것이다. 그럼에도 불구하고 좋은 일을 하라. 사람들은 약자에게 동정을 베풀면서도 강자만을 따른다. 그럼에도 불구하고 소수의 약자를 위해 일하라.

뿐이라고 합니다. 그 수많은 전쟁들 중에 종교가 원인인 것이 불과 10분의 1이라고 해도 전세계 종교인들이 참회해야 하는데, 10분의 9를 넘는데도 또 새로운 전쟁을 시작하고 있습니다.

그리고 여러 나라를 다녀봤지만, 나는 국경이라는 것도 싫습니다. 이렇게 쓰고 나니까, 다른 나라에 갈 때마다 공항에서 입국수속을 밟으면서, 땅에다 금을 그어놓고 일일이 출입을 확인하는 그 절차들이 우습게만 느껴집니다. 새들은, 물고기들은, 동물들은 자유롭게 왔다갔다 합니다. 아무 도장도 받지 않고, 풀들은 국경선 바로 위에서 살기도 합니다. 어떤 짐승은 이쪽에서 풀을 뜯고 저쪽에서 똥을 싸기도 하겠지요.

그런데 인간은 왜 세상을 창조한 하나뿐인 신을 믿는다고 큰소리치면서, 땅을 가르고 깃발을 만들어 다른 편을 죽이려고 할까요. 왜 하나님을 믿는 사람들이 다른 나라에 미사일을 쏘면서 하나님에게 자기들이 승리하게 해달라고 기도하는 걸까요? 하나님이든 알라신이든 분명히 신은 사랑이 아닌가요.

그 미사일이 누구를 겨냥하는지 알면서 기도하는 걸까요? 이념과 종교 분쟁의 가장 큰 피해자가 여성과 아이들이라는 사실을 알기라도 하는 걸까요?

여기 내가 일기장에 붙여 놓은 글이 하나 있습니다. 어느 신문에서 보고 오려둔 것입니다. 이라크 전쟁이 일어났을 때, 미국 커닝햄중학교에 다니는 열세 살의 어린 이라크 소녀가 미국 내 반전집회에서 한 〈당신들은 내 모습을 떠올려야 합니다〉라는 제목의 연설입니다. 지난 11년 동안 전세계를 돌면서 전쟁의 희생자가 되어 고통받는 아이들을 직접 목격해 온 나로서는 이 연설문이 너무도 가슴에 와 꽂혔습니다.

사람들은 이라크에 폭탄을 떨어뜨린다고 하면 군복을 입은 사담 후세인의 얼굴이나, 총을 들고 있는 검은 콧수염을 기른 군인들, 또는 알 라시드 호텔 바닥에 '범죄자'라는 글씨와 함께 모자이크로 새겨진 조지 부시 전 대통령의 얼굴을 떠올릴 것입니다.

하지만 이걸 아세요? 이라크에 살고 있는 2천4백만 명 중에서 절반 이상이 열다섯 살 미만의 어린이들이라는 걸. 이라크에는 1천2백만 명의 아이들이 살고 있습니다. 바로 저와 같은 아이들이죠. 저는 열세 살이니까 어떤 아이들은 저보다 나이가 좀 많을 수도 있고, 저보다 훨씬 어릴 수도 있고, 남자아이일 수도 있고, 저처럼 붉은 머리가 아니라 갈색 머리일 수도 있겠죠. 하지만 그 아이들은 저와 너무도 비슷한 모습의 아이들입니다.

그러니 저를 한번 보세요. 찬찬히 오랫동안. 당신들이 이라크에 폭탄을 떨어뜨리는 걸 생각했을 때, 당신들 머릿속에는 바로 제 모습이 떠올라야 합니다. 저는 당신들이 죽이려는 바로 그 아이이기 때문입니다.

제가 운이 좋다면 1991년 2월 16일 바그다드 공습대피소에 숨어 있다가 당신들이 떨어뜨린 스마트 폭탄에 목숨을 잃은 3백여 명의 아이들처럼 그 자리에서 죽을 겁니다. 그날 공습으로 엄청난 불길이 치솟았고, 벽에 몰려 있던 아이들과 어머니들은 형체도 없이 타 버렸습니다. 아마 당신들은 승리를 기념하기 위해 돌더미에 붙어 있는 시커먼 살조각을 떼어낼 수도 있을 겁니다.

하지만 제가 운이 없다면 아주 천천히 죽어가게 되겠지요. 바로 이 순간 바그다드 어린이병원의 '죽음의 병실'에 있는 열네 살의 알리 파이자르처럼. 알리는 걸프전에서 사용한 열화 우라늄탄 때문에 악성 림프종이라는 암에 걸렸습니다.

어쩌면 저는 18개월 된 무스타파처럼 '모래파리'라는 기생충이 장기를 갉아먹는 병에 걸려 손을 써볼 수도 없이, 그저 고통스럽게 죽어갈 겁니다. 믿기 어렵겠지만 무스타파는 단돈 25달러밖에 안 되는 약만 있으면 완전히 나을 수도 있습니다. 하지만 당신들이 이라크에 취한 경제 봉쇄 때문에 이라크에는 약이 없습니다.

아니면 저는 죽는 대신, 살만 모하메드처럼 겉으로는 보이지 않는 정신적 상처를 안고서 살아갈 수도 있습니다. 살만은 1991년 당신들이 이라크를 폭격했을 때 여동생과 함께 간신히 살아남았지만 아직도 그 공포에서 헤어나지 못하고 있습니다. 살만의 아버지는 온 가족을 한 방에서 함께 자게 했습니다. 모두 다 살든가, 아니면 같이 죽고 싶어서. 살만은 아직도 공습 사이렌이 울리는 악몽 속에서 살아가고 있습니다.

아니면 저는 걸프전이 벌어졌던 세 살 때 당신들의 손에 아버지를 잃은 알리처럼 고아가 될 겁니다. 알리는 3년 동안 매일같이 아버지 무덤에 덮힌 먼지를 쓸어내리며 아버지를 찾았습니다. "아빠, 이제 괜찮아요. 이제 여기서 나오세요. 아빠를 여기에 가둔 사람들은 다 가버렸어요."라고.

하지만 알리는 틀렸어요. 아버지를 가둔 그 사람들이 다시 돌아올 것처럼 보이니까요. 아니면 저는 걸프전이 벌어져서 학교에 가지 않아도 되고 늦게까지 밤을 샐 수 있다고 좋아하던 루아이 마예드처럼 아무렇지 않게 전쟁을 받아들일 수도 있을 겁니다. 하지만 루아이는 지금 학교에 갈 수 없어 길에서 신문을 팔며 살아가고 있습니다.

이 아이들이 바로 당신의 아이들이거나, 아니면 조카나 이웃집 아이들이라고 생각해보세요. 당신의 아들이 사지가 절단되어서 고통 속에서 몸부림치고 있는데도, 아들의 고통을 덜어줄 수도 없고 편안하게 해줄 수도 없이 그냥 무기력하기만 하다고 생각해보세요.

당신의 딸이 무너진 건물의 돌더미에 깔려 울부짖고 있는데, 구출해 줄 수 없다고 생각해보세요. 당신의 아이들이 자기 눈 앞에서 당신이 죽는 걸 보고 나서, 굶주린 채로 혼자서 이 거리 저 거리를 떠돌아다닌다고 생각해보세요. 이건 액션 영화도 아니고, 공상 영화도 아니며, 비디오 게임도 아닙니다. 바로 이라크 아이들이 처한 현실입니다.

최근에 한 국제 조사단이 전쟁이 벌어질 가능성이 있는 지금 아이들이 어떤 영향을 받고 있는지 알아보기 위해 이라크를 방문했습니다. 조사단이 만나본 아이들 중 절반이 자신은 이제 더 이상 살 필요가 없다고 말했습니다. 아주 어린 아이들까지도 전쟁이 뭔지 알고 있고 전쟁을 두려워하고 있습니다. 다섯 살짜리 아셈에게 전쟁이 무엇이냐고 묻자, 아셈은 전쟁이 "총과 폭탄에 날씨는 춥거나 덥고, 우리가 불에 타게 되는 것."이라고 말했습니다.

저는 초등학교에 다닐 때 다른 아이들과 문제가 생기면 때리거나 욕을 하지 말고, 대신에 '나'라는 단어를 사용해서 대화를 하라고 배웠습니다. '나'라는 단어를 사용해 대화를 하게 되면, 상대방이 한 행동 때문에 자신이 어떤 기분이 들었는지 상대방이 이해할 수 있기 때문에, 그 사람이 제 기분을 이해하게 되면서 하던 행동을 멈출 수 있습니다. 저는 지금 당신들에게 그게 '나'라고 생각해 보라고 말하고 싶습니다. 그러면 '나'는 '우리'가 될 수도 있습니다.

이라크에 사는 모든 아이들처럼, '우리'는 지금 뭔가 끔찍한 일이 벌어지는 걸 속수무책으로 기다리고 있습니다. 세계의 다른 아이들처럼 '우리'는 아무것도 결정할 수 없고, 그 모든 결과 때문에 고통받아야만 합니다. 지금 '우리'의 목소리는 너무 작고 너무 멀리 떨어져 있어서 사람들에게 들리지도 않습니다.

우리는 우리가 언제 죽을지 모를 때 두렵습니다. 우리는 사람들이 우리를 죽이려 하거나 다치게 하거나 미래를 훔치려 할 때 화가 납니다. 내일도 엄마와 아빠가 살아 있기만을 바랄 때 우리는 슬퍼집니다. 그리고 마지막으로, 우리는 우리가 무엇을 잘못했는지 모를 때 혼란스럽습니다.

지금까지 내가 다닌 나라들을 생각해봅니다. 처음 에티오피아를 시작으로 소말리아, 르완다, 방글라데시, 라오스, 베트남, 중국, 캄보디아, 보스니아, 인도, 케냐, 우간다, 북한, 아프가니스탄, 시에라리온…….

그리고 다음번에는 이라크에 가게 될 것입니다. 에티오피아는 두 번, 인도는 여섯 번을 갔습니다.

　세상에는 밝고 건강한 아이들도 많은데, 내가 다닌 나라의 아이들은 세상을 채 살아보기도 전에 전쟁과 기아와 자연재해 등으로 말할 수 없는 고통을 겪으며 죽어가고 있습니다.

　언제나 그 아이들이 나를 부릅니다. 11년 전 처음 그 아이들을 만난 이후로, 그것은 내 의지와는 상관없는, 하나의 운명처럼 되어 버렸습니다. 내가 만났던 아이들은 시도 때도 없이 나를 찾아옵니다. 꿈 속으로도 찾아옵니다. 일류 호텔의 레스토랑에서 저녁을 먹을 때도, 좀 비싸다 싶은 핸드백을 사고 싶을 때도 나를 부릅니다. 이 돈이면 5백 명의 아이들을 하루 배불리 먹일 수 있는데, 이 돈이면 열 명의 아이가 1년 동안 학교를 다닐 수 있는데 하고 무의적으로 계산하는 것이 습관이 되었습니다. 그러면 차마 돈이 꺼내지지가 않습니다.

　세번째로 간 인도 마드레이라는 지방에선 첫째는 아들이든 딸이든 상관없지만, 두번째 아이부터는 딸을 낳으면 3일 동안 젖도 안 주고 놓아 뒀다가 들에 지천으로 널려 있는 올리안다라는 이

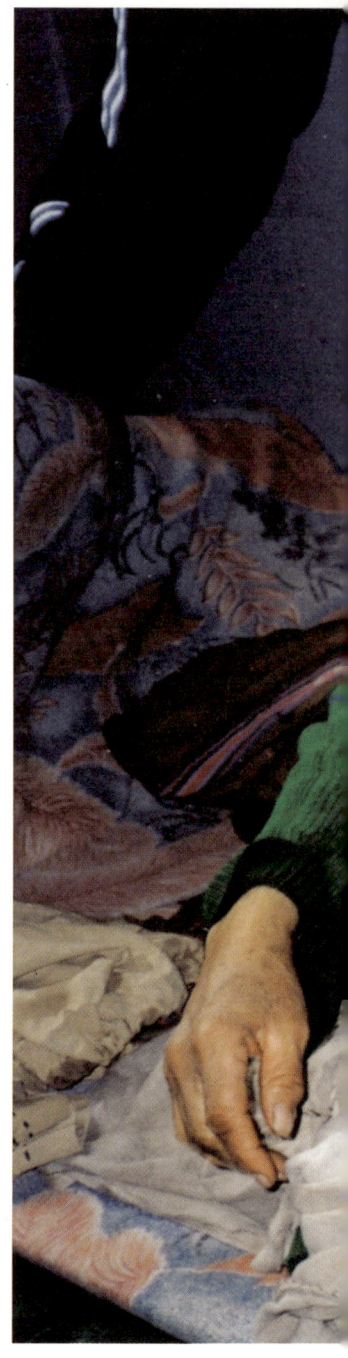

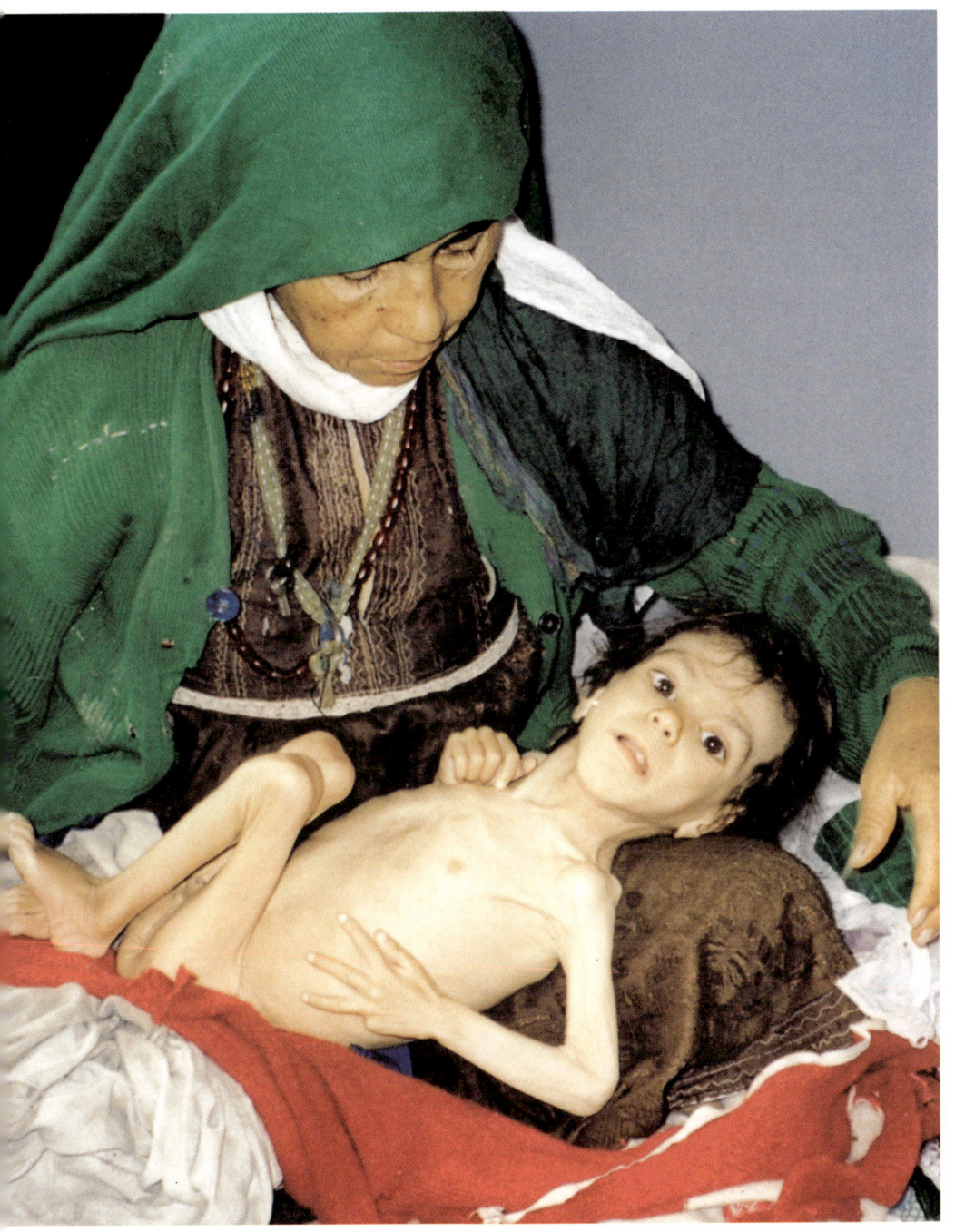

'나를 사진 찍고 있나요? 그럼 나는 살게 되나요?' 영양죽 센터에서 만난 이 아이의 눈은 내게 이렇게 묻고 있는 것 같았다.

름의 독초를 꺾어 끓는 물에 몇 방울 떨어뜨려 아기 입을 벌리고 먹인다고 했습니다. 그러면 5분이나 10분 사이에 아기가 죽는다는 것입니다. 입 하나를 줄이기 위해서죠.

근처 또 다른 지방에선 3일 있다가 꼬드밥을 해서 아기 입을 벌리고 잔뜩 넣어준다고 했습니다. 물론 갓난아기는 목이 막혀 죽습니다. 생각만으로도 미칠 것 같습니다. 이 기막힌 짓을 엄마가 해야 한다고 합니다. 젖이 많이 퉁퉁 불었을 텐데. 아기에게 마지막으로 젖이라도 실컷 먹이고 아기를 껴안고 같이 죽을 일이지, 자기는 살고 자식을 죽이다니! 신은 여러 곳에 계실 수가 없어서 엄마를 만들었다는데, 어떻게 이런 일이 있을 수 있을까요.

자식을 죽이고 엄마는 열흘 동안 아무것도 안 먹고 운다고 합니다. 그리고 일상으로 돌아갑니다. 그리고는 남의 아이 죽은 집에 가서 같이 운답니다. 말은 하지 않아도 모두가 압니다. 자기가 죽인 자식 때문에 운다는 것을! 내가 갔을 때 마을회관 같은 곳에 그런 엄마들이 모여 있었는데, 딸을 하나 죽인 사람도 있고, 두셋까지 죽였다고 손을 드는 걸 보았습니다.

그 얘기를 듣는 순간, 나는 부속품 없는 시계처럼 머릿속이 텅 비어 버리는 걸 느꼈습니다. 죽은 아이의 영혼이 묻는 것 같았습니다. '3일만에 나를 죽일 거면 왜 열 달을 뱃속에서 키웠어요?' 하고.

'인간도 아냐, 인간도 아냐. 짐승도 저렇진 않아.'

하지만 돌아오는 비행기 안에서 나는 정말 많이 울었습니다. 그 엄마들을 미워했던 게 너무 미안해서. 그 엄마들은 먼저 낳은 자식들이 있기 때문에 죽을 수도 없는 것을. 갓난아이를 껴안고 같이 죽는 게 사는 것보다 더 쉬웠겠지. 그 엄마들 마음이 어떠했을지 상상도 못하면서 인간도 아니라고 했던 게 무릎 꿇고 빌고 싶을 만큼 미안해서 나는 울었습니다.

자주 느끼는 것이지만, 나는 전혀 다른 두 개의 세계에서 살고 있습니다. 한쪽 세계에는 굶어 죽어가는 아이들과 여인들이 길에 널브러져 있습니다. 한 조각의 빵을 얻기 위해 수십 킬로미터를 맨발로 걸어와야만 하는 뼈만 앙상한 여인이 있습니다. 그리고 그 여인에게는 병과 기아에 신음하는 가족이 딸려 있습니다. 난민촌의 구호요원들은 누구를 먼저 치료해야 하나를 결정하기보다 누가 너무 영양실조가 심해서 포기해야 하나를 결정해야만 합니다. 그리고 그 와중에도 또다시 전쟁을 일으키는 인간들이 그들의 보잘것없는 생존을 위협하고 있습니다. 그들을 보면서 나는 너무도 절망한 나머지 서 있을 힘도 없어 그 자리서 땅바닥에 주저앉아 무릎 사이에 얼굴을 파묻고 한없이 울었습니다.

그리고 여기, 내가 살고 있는 또 다른 세상이 있습니다. 아침에 눈을 뜨면 커튼 사이로 스며드는 부드러운 햇빛과 안정된 공기, 즐겁게 지저귀는 새들이 있는 곳. 나를 초대하는 아름다운 장소들과, 식사를 함께 할 유명 인사들. 욕조에선 따뜻한 물이 찰랑거리고, 내가 일어난 것을 눈치채자마자 우리 집 강아지 공주가 침대 위로 뛰어오릅니다. 그리고 우리 집 살림을 맡아주시는 아주머니가 과일 주스를 만들어 쟁반에 가지고 오십니다.

정원으로 나가면 재작년과 작년에 심은 살구나무, 벚나무, 청매화가 다정히 인사를 하고, 보랏빛 꽃잔디와 노란색 붓꽃이 "나 예쁘죠?" 하며 나를 맞습니다. 며칠 전부터 우리 집 정원 위를 기웃거리던 까치는 허락도 없이 집까지 지을 태세입니다. 솜씨 없이 아무렇게나 만든, 그래서 내가 좋아하는 나무 탁자 위에는 간밤에 진 꽃잎들이 흩어져 있습니다. 매실나무에 매달아놓은 막대 풍경을 살짝 건드리면, 청아한 울림이 허공을 채웁니다. 나는 참 행복합니다.

 차는 반짝반짝 윤이 나게 닦여져 있고, 언제 어느 곳으로든 정확히 약속 장소로 나를 데려다주는 듬직한 운전기사 아저씨는 다정한 인사와 함께 차문을 열어줍니다. 내가 말하지 않아도 아저씨는 내가 좋아하는 음악들을 틀어줍니다. 요요마가 연주하는 바흐의 〈무반주 첼로 협주곡〉의 선율과 함께 차가 미끄러지듯 햇살 속을 달릴 때, 문득 뜨거운 햇살 속을 맨발로 걸어오던 그 슬픈 아이와 여인을 떠올립니다. 마치 내가 탄 차가 아프리카의 어느 거리를 달리는 것만 같습니다. 무반주 첼로곡은 여전히 무심하고 평온하게 차 안을 채우고 있는데, 차 밖에서는 기아와 전쟁의 폐허 속에 서 있는 아이들이 슬로 모션처럼 스쳐 지나갑니다. 행복이라는 이름의 불행이 이것입니다.

눈물은 마르고

소말리아를 다녀온 이듬해에는 르완다에 갔습니다. 내 자신이 공감하지 못하고 시청자들에게도 다가가지 못하는 드라마를 할 때 배우는 가장 괴롭고 몸까지 아픕니다. 그해 봄, 미국에서 1960년대에 유명한 배우였던 토니 커티스와 함께 출연했던 것만 기억에 남는 재미 없는 드라마를 6개월 동안 촬영하고 닷새 만에 또 아프리카에 가야 한다는 것이 내 기운으로는 벅찬 일입니다. 떠나기 하루 전엔 〈전원일기〉까지 녹화해야 했기 때문에, 내 생전 이렇게 피곤한 일정은 처음입니다. 하지만 거부할 수 없습니다. 이제 나는 아이들을 위해서라면 무엇이라도 해야 한다는 뚜렷한 마음이 있습니다.

비행기에 오르면 무조건 자려고 수면제를 가지고 탔습니다. 그런데 마침 에어 프랑스 소속의 비행기 조종사 부인이 한국분이라, 뜻밖의 후한 대접을 받게 되었습니다. 우리는 돈을 아낀다고 모두 이코노미 석에 탔는데, 조종사 부인이 나만 비지니스 석으로 옮겨주었습니다. 다른 사람들에게 미안해 사양했지만, 워낙 피곤해서 자리를 옮겼습니다. 얼굴도 예쁜 그 부인은 조종실 안도 구경하라며 데리고 들어가고, 어떻게 하면 나를 즐겁게 해줄까 애를 썼습니다. 사랑스럽고 재미있는 여성이었습니다. 조종사인 프랑스인 남편이 원해서 늘 같은 비행기를 타고 따라다닌다고 했습니다. 그러니까 비행기 안에서 부부가 살다시피 하는 것입니다.

비행기 안은 너무 건조하니까 두 시간에 한 번씩은 꼭 물을 마시고 얼굴엔 영양 크림을 잔뜩 발라야 한다고 충고하면서도, 나보고는 가만 앉아 있으라며 물도 병째 갖다주고 주스도 종류대로 내 옆에 놓아주었습니다. 샴페인도 한 잔 마시라고 해서 난 술을 못 마시지만 조금 마셨습니다. 의외로 맛있었습니다. 그리고 기분도 좋아졌습니다.

아까 이코노믹 석에 앉아 있을 때 어떤 남자분이 반갑다며 어디 가느냐고 물어서 르완다에 간다고 하니까, 도와야지 하면서 만 원을 주었습니다. 돈의 많고적음이 문제가 아니라 그 마음이 너무 고맙고 감사했습니다. 한편으론 에어 프랑스를 타는 사람이 돈 만 원이 뭔가 하는 생각이 들었지만, 외국에 나가니까 한국돈이 많지 않았겠지 싶었습니다. 어쨌든 그 돈이 르완다를 위해서 받은 최초의 성금입니다.

조종사 부인이 또 마실 것을 들고 와서 말합니다.

"여기 프랑스 남자 승무원들이 김혜자씨가 너무 예쁘다고 야단났어요. 그래서 내가 한국 최고의 배우라고 했어요."

수면제는 아무 효력이 없습니다.

지난번처럼 먼저 파리로 가서 한 여섯 시간 정도 공항에 머물렀다가 다시 케냐로 가도록 일정이 잡혀 있습니다. 거기서 또 얼마나 비참한 일들이 나를 기다리고 있을까. 파리까지 열세 시간 걸리니까 이제 여덟 시간쯤 남아 있습니다.

몸을 이리 뒤틀 저리 뒤틀 자다 깨다를 반복한 끝에 마침내 드골 공항에 내렸습니다. 공항 안에서의 여섯 시간은 정말 지루하고 답답했습니다. 파리까지 오는 기내에서도 계속 낮 시간이라 비몽사몽이었고, 파리에서도 계속 낮이 이어졌습니다. 공항 대기실의 긴 의자에 노숙자처럼 웅크리고 앉아 잠을 잤습니다.

이제 케냐로 향하는 비행기 안입니다. 케냐까지 여덟 시간을 가야 합니다. 그래도 밤에 탔기 때문에 수면제를 먹지 않았는데도 졸음이 밀려와서 약은 서울 가는 길에 먹기로 했습니다. 정말 힘이 듭니다. 파리까지 열세 시간, 공항에서 여섯 시간, 파리에서 케냐까지 여덟 시간, 모두 스물일곱 시간 동안 눕지 못한 셈입니다.

케냐의 수도 나이로비에 도착해 아침 겸 점심을 먹고 다른 분들은 주립공원을 구경하러 나갔습니다. 여덟 시에 모여 저녁 먹자고 했는데 나는 과일만 좀 사다 달라고 부탁했습니다. 너무 피곤해서 쉬고 싶었습니다.

한국인이 운영하는 식당에서 들은 얘기로는, 르완다 난민들이 보트를 타고 이쪽으로 건너오다가 배가 뒤집히는 경우가 허다하다고 합니다. 그래서 키부호수에서 수많은 시체를 건져냈다고 합니다.

다음 날 아침 일곱 시에 르완다로 향했습니다. 그곳에서 3일 동안 머물 예정입니다. 케냐에선 르완다 가는 길을 '지옥으로 가는 길'이라고 합니다. 소말리아로 떠날 때와 같은 비행장입니다. 아프리카의 다른 나라에 가기 위해서는 대부분 케냐에 들러서 경비행기를 타고 가는 것 같

식량을 기다리며 목걸이의 구슬을 꿰고 앉아서 허기를 달랬을까. 그 순간은 아프리카인들의 타고난 미적 감각조차도 슬퍼 보인다.

습니다. 소말리아에 갈 때는 새벽 다섯 시라 자욱한 안개와 먼지로 어두컴컴한 비행장에 여러 대의 경비행기들이 줄지어 있고 구호물자들이 산처럼 쌓여 있어 긴박감이 느껴지는 전쟁터와 같았습니다. 그런데 같은 곳이라도 이날은 총 든 군인도 없고 날도 훤하게 밝은 시간이라 그런지 그냥 작고 초라할 뿐입니다.

우리는 일단 르완다 국경에 위치한, 콩고 민주공화국의 고마 시로 향했습니다. 경비행기이지만 10인승 미니버스를 탄 기분입니다. 고마까지는 두 시간 10분쯤 걸렸습니다. 그곳에서 트럭을 타고 고마 남쪽에 위치한 1백만 명에 가까운 난민들이 있는 무궁가 난민촌으로 갔습니다.

무궁가 난민촌은 한마디로 거대한 쓰레기장입니다. 간밤에 내린 비로 질척질척해진 땅 어디에나 쓰레기와 오물이 함께 썩어가고 있습니다. 거기서 나는 악취는 견디기 힘들 정도입니다. 커다란 쓰레기통 안에서 사람들이 바글거리며 살고 있습니다. 동물이 아니라 사람들이 말입니다.

르완다는 아름다운 나라입니다. 가리심비산을 비롯해 해발 3천 미터가 넘는 고봉이 많고 아름다운 산들에 둘러싸여 있어 일찍이 이곳을 찾은 독일 탐험대는 '아프리카의 스위스'라고 불렀을 정도입니다. 면적은 우리나라의 10분의 1 정도밖에 안 되는 작은 나라입니다.

서쪽에는 국토의 10분의 1을 차지하는 거대한 키부호수가 있고, 남동쪽에도 반짝이는 호수들이 여럿 흩어져 있습니다. 경작지도 있고 목초지에는 염소, 소, 양들이 풀을 뜯고 있습니다. 산이 많아 나무도 우거지고, 초원지대에는 코끼리, 사자, 고릴라, 침팬지, 물소, 영양, 사마귀멧

돼지, 얼룩말 등 야생동물이 많습니다. 북동쪽의 카게라 국립공원과 무투라 금렵지에서는 희귀하고 큰 천산갑(개미핥기의 일종)을 비롯해 여러 종의 야생동물들이 살고 있습니다. 마운틴고릴라가 서식하는 화산 국립공원도 있습니다.

르완다의 문화에는 옛 전통이 그대로 남아 있습니다. 북과 루룽가라는 현악기를 연주해 탄생, 죽음, 결혼, 추수, 사냥과 관련된 의식을 벌이고, 구전문학도 풍부하다고 합니다. 특히 이들이 짜는 옷감과 바구니는 그 예술성이 매우 뛰어납니다. 르완다 국립박물관에서 이들의 전통 예술품을 구경하고 감탄사를 연발한 적이 있습니다.

르완다에는 원래 질그릇을 만들고 사냥을 하면서 살던 피그미족이 살고 있었지만, 8세기 무렵부터 농경민족인 후투족이 이주해 피그미족들을 삼림 쪽으로 몰아내고 르완다를 건설했습니다. 그런데 14세기 초 나일강 유역에서 긴뿔소를 가진 유목민인 투치족이 이 나라로 들어왔습니다. 숫자는 적지만 가축을 기르고 살던 투치족은 우수한 군사 기술과 긴뿔소를 빌려주는 대가로 농경민인 후투족을 지배하기 시작했습니다. 소수가 다수를 지배하는 이 피라미드 구조는 1916년 벨기에가 르완다를 점령할 때까지 계속되었습니다.

르완다는 아프리카 대부분의 나라들이 그렇듯 강대국의 욕심 때문에 나라 전체가 멍들고 병들어 버렸습니다. 식민지 시절에 소수 부족인 투치족은 벨기에인들의 앞잡이가 되어 더욱 세력을 잡았고, 벨기에는 또 그들을 견제하기 위해 하층 계급인 후투족의 세력을 키웠습니다.

하지만 독립 후 정권을 잡은 후투족이 오랜 세월 동안 자신들을 착취

해온 투치족에 대한 대대적인 말살정책을 폈습니다. 그러니까 적은 숫자의 투치족이 많은 숫자의 후투족을 괴롭히다 상황이 거꾸로 되어 많은 수가 적은 수의 사람들을 없애버리려고 한 것입니다. 이때 수만 명의 투치족이 죽고, 많은 사람들이 이웃 나라로 피신했습니다.

 1980년대 후반 세계 시장에서 커피 가격이 떨어지고 심각한 가뭄으로 흉작이 들면서 르완다의 경제 사정은 급속도로 나빠졌습니다. 그리고 1990년 우간다로 피신해 있던 투치족 사람들이 군대를 일으켜 쳐들어왔습니다. 양쪽 부족은 협상을 시작해 평화조약을 맺었지만, 극단적인 후투족 지도자들은 권력 분배를 거부했고 조약은 깨졌습니다. 후투족 극단주의자들은 온건파인 자기네 대통령이 탄 비행기를 미사일로 쏴 살해하고, 그것을 투치족의 소행으로 덮어 씌웠습니다. 그리고 불과 몇 달 안에 50만 명에 이르는 민간인을 살해했습니다. 그들은 투치족의 씨를 말리기 위해 "큰 쥐들을 박멸하려면 작은 쥐들을 없애야 한다."며 투치족 아이들을 대량 학살했습니다. 기가 막힐 일입니다. 그래서 인구의 절반 정도가 난민 신세가 되고 말았습니다.

 그리고 얼마 안 가 또다시 내전이 일어났습니다. 후투족의 대량 학살 정책에 대항해 투치족이 대대적인 반격을 가한 것입니다. 그리하여 후투족을 물리치고 투치족이 다시 정권을 잡자, 이번에는 후투족 사람들이 보복을 두려워해 대거 키부호수를 건너 이웃 나라로 달아났습니다. 그들이 모여 있는 곳이 바로 르완다 국경 근처인 콩고 민주공화국의 고마 난민촌입니다.

 투치족 정부가 보복하지 않을 테니까 돌아오라고 해도 무서워서 가지 못하고 후투족 사람들은 이 쓰레기장에서 살고 있습니다. 워낙 못된 짓을 많이 했기 때문입니다. 하지만 난민촌에 있는 사람들 대부분은 그 학살 사건과는 아무런 관련 없는 농민들입니다.

그곳에는 고아들만 모아놓은 곳도 있습니다. 바짝 마른 10대 소녀가 고아들을 보며 넋을 잃고 앉아 있습니다. 그녀는 소녀가 아니라 세 아이 중 둘을 잃고 남편마저 잃은 아이 엄마입니다. 너무 조그맣고 마르고 어려 보여서 소녀인 줄 알았습니다. 이 고아원에 그녀의 하나 남은 아이가 수용돼 있습니다. 하지만 아이를 키울 자신이 없어 데려가지 못하고 매일 그 앞에 와서 넋을 잃고 앉아 있는 것입니다.

남편과 여덟 아이 중 둘은 죽고 하나도 행방불명돼 아이 다섯과 사는 여인도 만났습니다. 벽을 짚으로 엮고 지붕은 비닐로 덮은 오두막입니다. 비만 오면 추위에 떨고, 비닐 지붕이 날아가지 않도록 붙들고 있어야만 합니다. 집도 아닙니다. 막내아이는 열이 펄펄 나고 기침을 해댑니다. 자식이 아프면 대신 아파주고 싶은 게 엄마 심정입니다.

봄부터 난민촌이 생겼기 때문에 그곳에서 태어난 아기들도 있습니다. 콜레라, 이질, 탈수증, 폐렴, 감기 등 여러 종류의 병을 가진 사람들, 특히 아이들이 많습니다. 두 살쯤 돼 보이는 아이가 진료소 천막 안에 누워 있는데, 팔이 너무 야위어서 링거 바늘을 이마에다 꽂고 있습니다.

아기 옆에선 엄마가 달려드는 파리를 쫓는 일밖엔 해줄 일이 아무것도 없습니다. 이마에 주사를 놓고 있는 이 아이는 탈수가 너무 심해 가망이 없다고 합니다. 아이를 만지며 나도 모르게 혼자 중얼거렸습니다.

"내가 다신 너를 못 보겠구나. 네 엄마 마음에 비할 순 없겠지만 내

차에서 내리자 속눈썹까지 먼지가 하얗게 앉은 아이들이 거의 벌거벗은 채로 달려들었다. 구호품으로 하루하루를 살아가면서도 저 천진한 눈빛 속엔 삶에의 희망이 살아 있다.

마음도 무척 아프다. 넌 왜 태어났지? 이렇게 갈 거면."

 죽어가는 아이를 내려다보면서도 내 눈에선 눈물이 흐르지 않았습니다. 처음에 아프리카에 왔을 때는 온 땅을 다 적실 것처럼 흐르던 눈물이 이제는 하도 많은 참상을 보니까 눈물샘마저 다 말라버렸습니다. 대신 목이 우는 것처럼, 나도 모르게 목 안쪽에서 이상한 신음소리가 흘러나왔습니다.

 들것을 멘 사람들이 지나갑니다. 들것에 실린 건 죽은 사람들입니다. 작은 것은 아이, 큰 것은 어른들의 죽음입니다. 그렇게 다들 죽어가고 있습니다. 이 더러운 곳에서 아이들이 무슨 저항력이 있어 견딜 것인가? 이곳은 한마디로 지옥입니다.

 이곳에서 일하고 있는 구호요원들은 거의 매순간 가장 어려운 판단을 해야만 합니다. 그것은 어떤 사람의 상태가 너무 악화되어 더 보살펴줄 수 없다고 판단될 때 치료를 계속 해주어야 할지를 결정하는 일입니다. 한 봉사자는 말합니다.

 "어떻게 사람을 보고 '우린 당신을 도울 수가 없어요. 당신은 죽을지도 몰라요'라고 말할 수 있겠어요? 하지만 우린 여기서 매일 그렇게 해야만 합니다. 그것이 이곳의 현실이에요."

 남편의 손목을 잡고 있던 한 젊은 엄마는 결국 '더 이상 치료해주는 것이 무의미한 사람'으로 판정을 받아 마지막 숨을 내뱉고 죽고 맙니다. 그것은 이곳 난민촌에 수용된 1백만 명의 난민들 사이에서 일어나는 지극히 일상적인 일에 불과합니다. 그녀의 시신은 늘 그랬듯이 앞서 죽은 2만 구 이상의 시신들처럼 울퉁불퉁한 검은 화산암에 판 공동무덤에 내

던져질 것입니다.

 1995년 사진 부분 퓰리처상은 AP통신의 사진기자 자클린 아르츠에게 수여되었습니다. 기자가 찍은 사진 속에는 르완다의 아이들이 예방 주사를 맞기 위해 긴 줄을 서서 기다리는 동안, 한 아이가 서 있을 힘이 없어 바닥에 엎드려 있습니다. 눈물이 핑 도는 사진입니다.

 르완다의 수도에서 30킬로미터 가량 떨어진 지역에 있는 하라마 성당은 성당이 아니라 공동묘지입니다. 그보다는 오히려 살상 현장이라는 표현이 어울릴 것입니다. 무려 5천여 명이 이 성당에서 살해되었습니다. 학살을 피해 성당 안으로 숨어든 투치족 사람들을 후투족들이 총, 칼, 몽둥이 등으로 무참히 살해한 것입니다. 성당 내부에는 사람의 유골들과 타다 만 성경, 이불, 옷가지 등이 뒤엉켜 있습니다. 이 잔인무도한 현장을 성당 측은 심한 악취에도 불구하고 역사 교육의 현장으로 그대로 보존하고 있습니다. 성당 벽에는 관광객이 쓴 글이 새겨져 있습니다.

 "신이여, 이들을 용서하지 마세요."

내 가슴을 아프리카에 두고

　키부호수는 참 아름답습니다. 수평선이 아득히 보이는 넓은 호숫가에는 많은 별장들이 있어 이곳이 부자 나라 사람들의 휴양지였음을 짐작케합니다. 이제는 모두 망가진 이곳.

　한 달 전까지만 해도 키부호수는 콜레라의 원천이었습니다. 지금은 각국의 지원으로 정수장이 만들어져 그 수가 많이 줄었다고 합니다. 정수장에선 영화배우같이 생긴 멋진 젊은이가 마치 그 일이 기쁨이라는 듯 미소지으며 줄 서 있는 난민들에게 물을 퍼주고 있습니다.

　나이로비의 호텔로 돌아왔습니다. 아침에 떠날 때 우유 한 잔 마시고 다섯 시까지 아이들을 만나느라 파김치가 됐습니다. 너무 땀을 흘려서 씻고 싶었지만 목욕탕에 들어가 물을 트니까 으슬으슬 추운데 찬물만 나오고, 게다가 벌건 흙탕물입니다. 그냥 생수로 고양이 세수를 하고 침대에 누웠습니다.

　일곱 시에 막사에서 저녁을 먹기로 했으니까 두 시간 정도 여유가 있습니다. 정말 손가락 하나 움직일 기운도 없습니다. 이제까지 여러 나라를 다녔지만 지금은 그냥 집에 가고 싶은 마음뿐입니다. 조금 울기까지 했습니다.

 간신히 기운을 내어 일행들과 함께 막사에 갔더니 고추장에 라면을 주어서 살 것 같았습니다. 너무 먹어 배가 올챙이처럼 되었습니다. 낮에 난민촌에서 봉사하던 사람들도 모두 모였습니다. 낮에 만났던 청바지에 헐렁한 티셔츠를 입고 아이들을 돌보던 금발의 처녀 켈리는 아주 깨끗하게 씻고 샴푸한 금발을 찰랑거리며 짧은 반바지를 입고는 향수까지 뿌리고 예쁘게 나타났습니다.

 내가 말했습니다.

 "당신같이 예쁜 처녀가 이 고생을 하는 걸 보면 가슴이 뭉클해요."

 그녀가 말했습니다.

 "어려서부터 봉사자가 되는 것이 꿈이었어요."

 그렇게 잘 얘기하던 켈리가 갑자기 내 가슴에 안겨 왔습니다. 깜짝 놀라 왜 그러냐고 했더니 엄마가 보고 싶다고 했습니다. 사랑스런 켈리! 6개월 봉사하고 떠난다고 하니, 잘 있다 가길 바래. 나는 딸처럼 품에 안긴 켈리의 등을 토닥여주었습니다.

 저녁을 먹고 테라스에 앉아 쉬고 있는데 번개가 치며 갑자기 비가 쏟아졌습니다. 깜깜해서 아무것도 안 보이고 바로 앞에 있는 커다란 나무만 비바람에 휘날렸습니다. 영화 〈폭풍의 언덕〉이 느닷없이 생각났습니다. 죽은 연인을 품에 안고 이제는 자기 것이라고 하던……. 그래도 어느 정도는 달콤한 애수에 젖어본 밤입니다.

 다음날 아침 정원에 나가보았습니다. 아무리 건물이 초라하고 더러워도 건물벽을 타고 올라간 커다란 담쟁이 같은, 꽃까지 빨갛게 피어 있는 넝쿨 식물이 초라한 건물을 아름답게 만들어놓았습니다. 아름다움을 넘어서 예술가의 작품입니다. 거기 정원에 아무렇게나 피어 있는 보라색과 흰색이 겹쳐져 피어 있는 꽃나무도 그러했습니다. 자연보다 신비하고 신기한 게 또 있을까요. 이 아름다운 자연이 있는 나라에 왜 이런 비극이 있어야 할까요?

프랑스 감마 프레스지의 특파원으로 일하는 한국인 사진작가 이진만 씨가 신문에 기고한 글이 있습니다. 그분은 르완다와 우간다 지역을 단독으로 종군 취재한 분입니다.

르완다. 잠들지 않는 땅. 르완다는 내전이라는 엄청난 대가를 치르고 세상 밖으로 모습을 나타내기 시작했다. 나 역시 뉴스를 통해 처음으로 르완다에 대해 들었다. 르완다 인근 콩고 민주공화국의 고마시는 최대의 난민촌이다. 거대한 호수를 끼고 있어 지리적으로도 수많은 난민들이 넘어올 수밖에 없는 곳이다. 르완다 내전을 기록하면서 나는 많은 것을 느꼈다. 나 자신을 추스를 수가 있었고, 다른 사람들을 생각할 수가 있었다. 무엇인가를 얻기를 바라지도 않았다. 그냥 단지 느끼고 싶었다.

기억에 남는 것 중 하나는 한 어린 소녀의 뒷모습이다. 자신의 조국인 르완다를 향해 서 있는 뒷모습이 왜 그렇게 무거워 보이는지 다른 사람들을 이해할 수 없을 것이다. 처참하고 먹지 못해 불쌍해 보이는 아이들보다 이 소녀의 뒷모습이 아직까지 잊혀지지 않는다.

세상에서 가장 먼 거리는 머리에서 가슴까지의 거리다. 가슴에서 머리로 이동하는 데 평생이 걸리는 사람도 있다.

이곳 고마시에 처음 도착하면 볼 수 있는 것이 활주로에 착륙하는 비행기를 따라 달음박질치는 아이들이다. 우리가 어렸을 적 지금처럼 자동차가 많지 않았을 때, 시골에 차를 타고 가면 아이들이 차를 따라 마냥 좋아서 달리던 모습 말이다. 그러나 이런 향수 어린 느낌도 난민촌에 들어가면 여지없이 사라지고 만다. 여기저기 흩어져 있는 아이들, 배급받은 식량을 자기 동생 먼저 배부르게 먹이고 남은 약간의 음식으로 허기를 채우는 아이, 몸에 난 상처를 치료도 못하고 있는 아이, 그리고 말 그대로 정말 먹을 게 없고 먹지를 못해서 움직이지 못하는 아이들.

르완다의 키갈리에서 만난 나이 많은 미국인 NGO 회원은 한국전 당시에도 참여했다고 한다. 그는 나에게 한국의 모습도 예전엔 르완다와 같았다고 했다. 그리고 이들을 잊지 말라고 했다.

르완다에서 처음 나는 아무런 비판 의식을 갖지 못한 채 가장 저항적인 모습을 한 사진가인 척하면서 이곳을 돌아다니고 있었다. 그저 좋은 사진 한 장 찍을 수 있을까 하는 생각만이 마음속에 가득할 뿐이었다. 하지만 하루에도 여러 번 나 자신에게 이곳에 왜 있는가를 물어보았다. 그때 나는 무엇인가를 볼 수 있었고, 무엇인가를 느낄 수가 있었다. 그것은 단지 그들이 난민이기 때문이거나, 모습이 불쌍하기 때문은 아니었다. 오히려 그들의 캠프 속에 들어가 함께 지내다 보면 이 세상에 아무런 걱정이 없는 사람들 같았다. 아니 가진 것이 없기 때문에 욕심이 안 생길 수도 있을 것이다. 그것은 내게 큰 교훈을 가져다주었다.

고마에서 부카부로 가는 보트 안에서 만난 르완다의 학생들은 자신들에 대해 어떻게 생각하는가 물었다. 그들은 당장 배고픔을 해결할 음식을 기다리는 것이 아니었다. 지금의 육체적 배고픔은 참을 수 있지만 앞으로의 정신적인 배고픔을 걱정하고 있었다. 그리고 내게 단순히 보이는 것만 취재하지 말고 근원적인 부분을 자기들 대신 알려달라고 했다. 어느 누구도 원하지 않는 종족간의 내전의 희생자인 이들은 현실을 그저 받아들일 수밖에 없어 보였다.

이제 르완다를 보고 돌아온 지 몇 해가 지났다. 다시 일상으로 돌아온 나는 르완다에서의 이미지를 토해낸다는 것이 쉽지가 않았다. 시간이 흘러서만은 아닌 것 같다. 다시 기억하고 싶지 않은 부분도 있었다. 그리고 별 수 없이 이미 거대해진 생활 속에서 카멜레온처럼 적응하고 있는 것인지도 모른다.

고마의 난민촌을 떠나 르완다의 수도 키갈리에 도착했습니다. 자동차로 다섯 시간 걸려서 곳곳마다 설치된 경비 초소를 수없이 통과해야 했습니다. 이곳 키갈리는 사람이 살지 않는 유령의 도시 같습니다. 모든 건물과 물건들 위엔 총탄 자국이 벌집처럼 촘촘히 박혀 있습니다. 왜 이렇게도 총을 쏘아댔을까요. 그 정도로 쏘면 건물 속의 벌레까지도 다 죽었을 것 같습니다.

넓게 펼쳐진 밭엔 홍차와 배추들이 수확해주는 일이 없어 썩어가고 있습니다. 고마의 난민촌 사람들 대부분이 농사짓던 사람들이니 수확할 사람들이 없는 것입니다. 길거리의 아이들은 사탕수수를 씹으며 단물로 허기진 배를 채우고 있습니다.

앞에서도 말했듯이 르완다는 숲이 무성하고 호수가 아름다운 나라입니다. 우리나라 사람들을 이곳에 데려다놓으면 금방 잘사는 나라로 바뀔 것이라는 생각이 듭니다. 그래도 조금씩 기운들을 찾는 것 같습니다. 인근 국가로 피난갔던 투치족들이 하나둘 돌아오고, 이재에 밝은 사람들은 벌써부터 장사를 하고 있고, 시장이 생겨나고 있습니다.

이곳 호텔도 사정은 마찬가지입니다. 그래도 벌건 찬물로 머리 감고, 모두 저녁 먹으러 가는데 나는 어제 먹은 라면이 얹혀서 쉬겠다고 했습니다. 오늘도 고되고 고된 하루였습니다.

르완다에 있는 동안 키갈리 진료소에도 갔었습니다. 온갖 부상과 병으로 하나밖에 없는 병원이 넘쳐나고 있습니다. 거기서 만난 열 살 먹은 소년은 머리 뒤통수에 두 군데와 한쪽 볼에 길게 칼을 맞아 죽은 줄 알았는데 살았다고 했습니다. 칼을 맞은 한쪽 볼은 신경이 마비돼 눈도 보이지 않았습니다. 한 종족의 씨를 말리려고 이렇게까지 잔인하게 해놓고서 그들은 고마의 쓰레기장 같은 난민촌에서 역시 돼지처럼 살고 있는 것입니다.

어른들이 한 짓을 보면 도와주고 싶은 마음이 눈곱만큼도 없지만 아이들이 무슨 죄인가요. 다만 아프리카에 태어난 죄밖에는.

한 가정을 방문했습니다. 벽에 붙어 있는 사진엔 부부와 아이 넷이 활짝 웃고 있었습니다. 그러나 사진만 그랬습니다. 이번 내전에 남편은 실종되고 아이 둘이 죽었습니다. 엄마는 울지도 않았습니다. 눈물도 웬만해야 나오는 것입니다.

집 바로 뒤엔 후투족들이 마을 사람들을 죽여 파묻었다는 큰 구덩이가 있습니다. 2백 명쯤이 그곳에 묻혀 있다고 했습니다. 그런 곳이 그 마을에만 세 군데입니다. 여자는 그 구덩이 속에 자신의 어린 자식 둘과 동생이 들어 있다고 했습니다. 주민들이 피신한 굴이 있었는데 그곳에 개까지 데리고 가서 찾아내 다 죽였다고 했습니다. 그래 놓고 보복이 두려워 돌아오지도 못하고 있는 것입니다. 이쪽도 저쪽도 아이들과 여자만 불쌍합니다.

마지막 날 키갈리의 고아원을 찾았습니다. 부모가 다 죽은 아이들. 아프리카 아이들은 왜 이렇게 안기는 걸 좋아할까요. 안기고. 매달리고 난리들입니다. 장난감으로 풍선을 주니까 불다 안 되면 나보고 불어달라고 성화입니다. 난들 무슨 힘이 있나요. 끝없이 내미는 풍선을 다 불어주다 보니까 현기증이 나기까지 했습니다. 아이들과 손을 잡고 나서는 얼른 씻으라고들 했지만 그럴 순 없습니다. 병에 걸려도 어쩔 수 없습니다.

내란으로 15만 명 정도의 고아가 생겼는데 고아원은 스무 개가 고작입니다. 그러니 이 고아원에 들어온 아이들은 복 있는 아이들이라고 합니다. 나는 그렇게 말하는 사람을 빤히 쳐다보았습니다.

아프리카에 여러 번 다녀오고, 그때마다 방송을 하면서 나는 우리의 감정이 어느새 너무 무뎌진 건 아닌가 하는 생각이 들곤 합니다. 너무도 여러 곳에서 그런 일들이 벌어지니까, 그리고 우리가 사는 곳과는 너무 멀리 떨어진 곳이니까. 하지만 우리 아이들처럼 이 아이들도 생각할 줄 아는 머리가 있고, 느낄 줄 아는 가슴이 있습니다. 그들의 새까만 눈동자가 고통을 호소하고 있습니다. 그들을 외면하면 안 됩니다. 1만 원이면 여기 이 아이 한 명을 한 달 동안 먹일 수 있습니다. 어느 정도 클 때까지만 먹여서 살려놓으면 됩니다. 그러면 어떻게든 자기 힘으로 살아갈 테니까요. 그렇지 않고 그냥 죽게 내버려두는 것은 우리 모두의 범죄 행위입니다.

키갈리의 마지막 밤.

동행한 사람들과 함께 호텔 정원의 나무벤치에 손전등으로 조명을 만들고 생수병을 잘라 들꽃을 꽂아놓고 파티를 열었습니다. 그렇게 아프리카에서의 또 마지막 밤이 저물었습니다. 누군가 〈내 가슴을 샌프란시스코에 남기고 떠나요(I left my heart in sanfransisco)〉라는 노래를 아프리카로 바꿔 불렀습니다.

그렇습니다. 내 가슴을 아프리카에 두고 갑니다. 돌아가면 얼마 안 가 거대한 현실 속에서 카멜레온처럼 적응하며 살아갈지라도, 아프리카의 아이들은 내 가슴에 언제나 남아 있을 것입니다.

삶은 무엇을 손에 쥐고 있는가에 달린 것이 아니라, 누가 곁에 있는가에 달려 있음을 나는 배웠다.

2

사람들은 때로 믿을 수 없고, 자기중심적이다. 그럼에도 불구하고 그들을 용서하라. 당신이 친절을 베풀면 사람들은 당신에게 숨은 의도가 있다고 비난할 것이다. 그럼에도 불구하고 친절하라. 오늘 당신이 하는 일이 내일이면 잊혀질 것이다. 그럼에도 불구하고 좋은 일을 하라. 가장 위대한 생각을 갖고 있는 가장 위대한 사람일지라도 가장 작은 생각을 갖고 있는 가장 작은 사람들의 총탄에 쓰러질 수 있다. 그럼에도 불구하고 위대한 생각을 하라. 당신이 가진 최고의 것을 세상과 나누라. 언제나 부족해 보일지라도. 그럼에도 불구하고 최고의 것을 세상에 주라.

— 인도의 마더 테레사 본부 벽에 붙어 있는 글

그물에 걸리지 않는 바람처럼

어렸을 때 친척아저씨가 나를 보면 이렇게 말하곤 했습니다.
"넌 눈동자가 어쩜 그렇게 까맣고 크니? 꼭 인도인 눈을 닮았구나."
그리고 나를 일본말로 '인도진'이라고 놀려댔습니다. 어린 마음에도 인도는 어떤 나라일까 궁금했습니다.

훗날 나는 한두 가지의 명상법을 배우게 되었는데, 그때 전생을 본다는 어떤 명상가가 나를 보면서 "당신은 전생에 인도의 공주였다."고 말한 적이 있습니다. 그 말을 진지하게 받아들이진 않았지만, 인도에 꼭 한번 가보고 싶다는 마음을 갖게 만들었습니다.

어느 해인가 가을이 되자 나는 갑자기 세상 모든 것이 허무해질대로 허무해졌습니다. 남편은 1년 전 암으로 세상을 떠났고, 아이들도 결혼해서 자신들의 인생을 살고 있었습니다. 내가 할 수 있는 연기의 폭도 점점 줄어들어가고 있었고, 많은 것을 누리고 살았으니 세상에 대한 집착과 미련도 남아 있지 않았습니다. 열아홉 살까지만 살고 죽어야지 하고 결심했었는데, 어느덧 쉰 살이 넘어 있었습니다.

이제는 더 이상 사람들을 도울 힘이 내게 없다고 생각할 때에도, 가난하고 고통받는 사람들을 볼 때면 여전히 그들을 도울 힘이 내게 남아 있음을 나는 알았다.(사진 Steve Mccurry)

캐서린 햅번은 자서전을 써놓고서 자기가 죽은 뒤에 발표하라고 유언했다는데, 나는 자서전이고 뭐고 아무것도 남기지 않고 그냥 홀연히 사람들의 시선에서 사라지고 싶을 뿐이었습니다. 떠날 때를 알고 떠나는 자가 아름답다고 했듯이, 내가 떠날 시기가 되었을 때 정말로 아무 미련 없이 세상과 작별하고 싶었습니다.

가을이 마음의 병과 함께 속절없이 깊어가던 그해, 평소 내 마음을 털어놓곤 하던 어느 시인에게 전화를 걸어 나는 이제 그만 세상으로부터 사라져버렸으면 좋겠다고 말했습니다.

물론 계절탓에 혼자 감상에 젖어 한 말이었는데, 시인은 가만히 내 얘기를 듣더니 날 위로해주기는커녕 아무렇지도 않게, 사라지려면 인도 갠지스강 부근으로 사라지는 것이 가장 좋지 않겠느냐고 말했습니다. 피식 웃음이 나왔습니다.

그 시인은 겨울마다 인도에 간다는 걸 알고 있었기 때문에 말이 나온 김에 나도 데려가달라고 부탁했습니다. 그래서 나는 난데없이 시인을 따라 히말라야가 둘러쳐진 네팔을 거쳐 인도로 향하게 되었습니다. 그는 워낙 자유가 몸에 밴 사람이라서 그런지 누구의 간섭도 싫어했습니다. 네팔에서 버스를 탔을 때도 그는 버스 안이 답답하다며 운전수에게 돈까지 집어주며 꼭 버스 지붕에 올라앉아서 가는 것이었습니다. 그러면 나도 하는 수 없이 지붕 위로 기어올라가야 했습니다. 나는 아슬아슬한 버스 지붕에서 금방이라도 길바닥으로 굴러떨어질 것만 같아 손에 힘을 꽉 쥐고 있었습니다.

역시 버스 안보다 지붕 위가 조금 위험하긴 해도 자유가 느껴지고 주변 풍경들이 훨씬 크게 다가왔습니다. 아, 그래서 이 사람이 꼭 버스 지붕 위로 올라가는구나 하는 걸 알았습니다.

버스가 산모퉁이를 돌 때 내가 떨어지지 않으려고 그의 팔을 잡자, 그는 얼른 뿌리치며, 세상에서 사라지겠다는 사람이 이까짓 게 뭐가 겁나느냐고 핀잔을 주었습니다. 나는 그런 무례한 핀잔을 받은 게 그때가 처음이었습니다. 모두가 나를 공주처럼 보호하는 가운데 살아온 나였습니다. 몸을 가누지 못하고 이리저리 흔들리는 나를 거들떠도 보지 않고, 그는 아무렇지도 않게 편안히 앉아서 멀리 공중에 떠 있는 히말라야만 감상했습니다.

나도 할 수 없이 모든 걸 포기하고 몸의 긴장을 풀기로 했습니다. 그러자 자연스럽게 버스의 율동과 함께 몸이 균형을 맞추고, 히말라야도 구경할 수 있었습니다. 네팔인 버스 운전사는 혹시 내가 굴러떨어지지 않았나 싶어 연신 고개를 빼고 지붕을 올려다보면서 엉금엉금 기다시피 운전을 했습니다. 착하기 그지없는 사람이었습니다.

도중에 검문소가 있어서 버스 지붕에 앉아 가는 것이 불법인지라 우리는 경찰의 제지를 받고 아래로 내려왔습니다. 하지만 버스가 검문소를 통과해 얼마 가자마자 시인은 또다시 다람쥐처럼 얼른 지붕 위로 올라가는 것이었습니다. 그러면서 나에게 어서 올라오라고 손짓을 했습니다. 느린 속도이긴 하지만 달리는 버스에서 여자의 몸으로 작은 사다리를 타고 지붕에 올라가기란 쉬운 일이 아니었습니다. 영화 찍는 것도 아닌데, 여차하면 백 미터 골짜기 아래로 떨어질 판이었습니다. 내가 다리를 떨며 꾸물거리자, 무정한 시인은 또다시 "아직 삶에 미련이 많이 남아 있는가보죠?" 하고 핀잔을 주었습니다.

그때는 나를 배우로도 여자로도 대접해주지 않은 그가 너무도 야속했지만, 난 네팔에서의 그 버스 지붕 여행을 잊을 수가 없습니다. 그 자유로움과 해방감, 오랫만에 느껴보는 삶의 스릴! 사실 아프리카에서도 이렇게 달려보고 싶었습니다. 모든 슬픔과 인간의 고통을 잊고서.

그러고 보니 시인은 일부러 그랬던 것 같습니다. 사실 그때 우리는 아무 이유도 없이 히말라야 골짜기로 올라가서는 그 버스를 타고 다시 내려왔던 것입니다. 그는 내게 뭔가를 깨우쳐주고자 했는지도 모릅니다. 감상의 노예가 되지 말고 그것을 초월하는 것을 배우라고. 사실 내가 명상을 하면서 배운 것도 그것이었습니다.

아무튼, 평생을 남의 시중만 받으며 살아온 내가 계속 따라다니며 귀찮게 굴자, 시인은 나를 혹처럼 여기는 게 역력했습니다. 그는 호텔에 묵을 때도 되도록이면 자기를 귀찮게 하지 못하도록 자기 방과 내 방을 이 복도 끝과 저 복도 끝으로 잡았습니다. 그렇다고 영어도 잘 못하는 내가 혼자서 떠나버릴 수도 없는 일이었습니다. 그냥 집으로 돌아가고 싶은 마음이 굴뚝 같았지만, 말도 제대로 안 통하고, 어디로 가서 어떤 비행기를 타야 하는지도 알 수 없었습니다. 그래서 신경이 없는 여자처럼 그를 졸졸 따라다녀야만 했습니다.

인도로 떠나는 날, 그는 네팔 공항에 나를 남겨두고 잠시 화장실 다녀온다고 떠나서는 영영 돌아오지 않았습니다. 인도까지 꼭 데려다준다고 약속해놓고는 연기처럼 사라져버린 것입니다. 나는 너무나도 당황스럽고 황당했습니다. 비행기 떠날 시간은 점점 다가오는데, 남자 화장실 앞에서 아무리 기웃거려도 검은 콧수염 기른 네팔인과 인도인 남자들만 이상한 여자 다 보겠다는 눈빛으로 나를 흘끔거릴 뿐, 그의 모습은 보이지 않았습니다.

기가 막혀 손가방만 든 채로 서 있는데, 문득 그가 틈날 때마다 내게 북인도 바라나시로 가는 길을 일러준 것이 기억났습니다. 바라나시 공항에 내려 어떻게 택시를 타고 갠지스강 근처의 어느 숙소로 가야 하는지까지도 세세히 일러주었습니다. 그럴 때마다 나는 '자기가 데려다줄 거면서 뭐하러 자꾸 설명을 하나?' 하는 생각이 들었습니다. 그래서 귓등으로 흘려들었지만, 너무 여러 번 들은 것이라 순간 당황하니까 그게 다 생각이 났습니다.

혼자서 못 갈 것도 없었습니다. 아프리카, 아시아 등 가난한 나라는 죄다 다닌 나인데, 바로 국경 너머에 있는 인도에 못 가란 법이 없습니다. 혼자서 물어물어 수속을 마치고 비행기에 올라타, 그래도 혹시나 하고 고개를 빼고 기다려봤지만 야속한 시인은 끝내 나타나지 않았습니다. 아주 가버린 것입니다.

탑승구 문이 닫히고, 비행기는 휙 하고 가볍게 날아올라 장엄한 히말라야를 마지막으로 한 번 보여주고는 기수를 돌려 인도 땅으로 향했습니다. 전에는 가난하고 고통받는 아이들을 만나기 위해 인도에 갔지만, 이번은 오로지 나 자신을 위한 인도 여행입니다. 믿고 따라온 안내자가 사라져 불안감이 들긴 했지만, 또 한편으론 생애 최초로 혼자 시도하는 나만의 여행이 알 수 없는 자유로움과 가슴 두근거리는 기대감을 안겨주었습니다.

인도는 세계 어느 나라보다 많은 4억 명의 아이들을 가진 나라다. 현재 이 아이들의 40퍼센트가 가난하고 열악한 환경 속에서 살아가고 있다. (사진 Tarum Chhabra)

우리가 천국에 올려보낸 재료

어느 여인이 죽어서 천국에 갔습니다. 천사가 그를 맞이하며, '당신이 살 집으로 안내하겠다'고 했습니다. 천사가 데리고 가는 길 양옆으로는 너무나 아름다운 집들이 늘어서 있었습니다. 집마다 정원에는 듣지도 보지도 못한 꽃들이 만발해 있었습니다. 여인은 기대에 차서 천사를 따라갔습니다. 그런데 길은 점점 황량해지고, 천사는 꽃 한 포기 없이 다 쓰러져가는 판자집 앞에 멈춰 서서 말했습니다.

"이곳이 부인이 살 집입니다."

여인이 놀라서 물었습니다.

"아니, 저 아름다운 집들이 있는데 왜 나를 이런 곳에 살게 하는 거죠? 난 세상에 있을 때도 대저택에서 살았는데."

그러자 천사가 말했습니다.

"부인, 뭔가를 오해하셨군요. 이곳 천국에서는 당신이 지상에 살 때 올려 보낸 재료만을 갖고 집을 짓는답니다."

북인도 바라나시는 세계에서 가장 오래된 도시입니다. 공항에서 숙소까지 택시를 타고 가면서 보니 고층건물도 없고, 신성한 소들이 차를 막고 누워 있고, 신전과 사원들이 거리에 즐비합니다. 시장엔 낡은 수레 위에 갖가지 열대과일들이 산더미처럼 쌓여 있습니다. 야채 파는 할머니는 여행자인 내게 감자와 가지를 사가라고 고래고래 소릴 지릅니다.

염소들이 유유자적 갠지스 강가 계단에서 동글동글한 똥을 싸고 있고, 전생의 업보를 없앤다고 갓 태어난 아기의 머리카락을 박박 밀어서 강으로 흘려보내고 있습니다. 이제 막 결혼해 갠지스강에 신고하러 온 새 신랑신부는 서로 옷가지를 하나로 묶고서 강가로 내려와 힌두교 성직자 앞에서 신혼 의식을 치르고 있습니다.

강 한쪽에선 나무 장작을 쌓아 그 위에 죽은 사람을 뉘어놓고 태우고 있습니다. 부자의 시체는 몸이 몇 번 뒹굴어도 될 만큼 많은 장작더미 위에서 타고 있고 잘 타라고 이리저리 뒤집기도 하는 반면, 가난한 사람의 시체는 장작이 적어 마치 마루 끝에 누워 있는 사람처럼 종아리 끝까지만 장작이 받쳐주고 있습니다. 그래서 몸통이 다 타면 종아리가 그냥 툭하고 바닥으로 떨어지기도 합니다. 그러면 부젓가락 같은 것으로 떨어진 다리를 집어 불길 위로 던지고, 그런 다음 태운 재를 갠지스강으로 흘려보냅니다. 살아서도 가난에 시달렸는데, 죽어서도 빈부차에 따라 다른 대접을 받고 있습니다.

물 속에서는 사람들이 바구니 같은 것으로 체를 치듯 무엇인가 고르고 있었는데, 다름아닌 시체를 태운 재 속에서 금붙이 같은 귀금속을 줍는 사람들입니다.

아기가 죽으면 등에 돌을 매달아 아빠가 배를 타고 나가 강 한가운데

던지고, 임산부나 천연두 앓았던 사람도 태우지 않고 그냥 강에 던진다고 합니다. 그리고 높은 경지에 오른 성자가 죽으면 대나무로 만든 의자 같은 것에 앉혀놓고 목에 꽃을 잔뜩 걸고 강가에서 무슨 의식을 잠깐 행하는데, 내가 본 성자는 한쪽 눈은 뜨고 한쪽 눈은 감고 있어서 꼭 윙크하는 것 같아 웃음이 나왔습니다. 죽은 사람이 나를 웃겼습니다. 과연 성자는 다릅니다.

사람과 짐승의 시체가 둥둥 떠다니는데, 한편에선 성스런 강이라고 성지순례를 온 사람들이 그 강에 몸을 담그고 목욕하고, 이를 닦고, 집에 가서 마실 거라며 물병에 담아가고 있습니다. 강변 찻집에서는 그 물을 끓여서 짜이(인도 전통 홍차)를 만들어 팔고 있습니다.

사는 것도 노 프러블럼이고, 죽는 것도 노 프러블럼인 나라! 문제될 건 아무것도 없습니다.

내가 별 탈 없이 갠지스 강가의 허름한 여인숙에 도착한 뒤 이틀 만에 나타난 시인은 마치 방금 전에 헤어진 사람처럼 아무렇지도 않게 "뭐 좀 먹었어요?" 하고 물었습니다. 내가 화가 나서 아무 말도 하지 않고 있자, 그는 "일부러 금식수행도 하는데 세상에서 사라질 사람이 음식은 뭣하러 먹느냐."고 말하고는 자기 혼자 밥을 먹으러 가는 것이었습니다.

난 정말로 화가 났습니다. 내 생전에 이런 푸대접을 받기는 처음이었습니다. 어떻게 이럴 수가 있을까. 모든 게 허무해져서 사람들의 시선으로부터 사라지고 싶다고 한마디 했다가 온갖 수모를 당하는 꼴이 되었습니다.

그런데 어딜 가나 그 시인은 사람들로부터 대환영을 받았습니다. 마치 헤어졌다 만난 형제들처럼 앞다퉈 그를 껴안고, 서로 자기 집에 가자고 난리들이었습니다. 그는 마치 고향에 온 사람 같았습니다. 아이고 어른이고, 걸인이고 부자고간에 그가 왔다는 소식을 듣고 다들 몰려와 여인숙 앞에서 와글거렸습니다. 여인숙 주인은 직접 계단을 내려와 그를 껴안고 반가이 맞아들이기까지 했습니다. 나는 안중에도 없었습니다.

어느새 시장통에서 산, 헐렁한 싸구려 핑크색 바지로 갈아입은 시인은 이른 아침에는 강가 뱃전에 앉아 명상을 하고, 낮에는 사람들을 만나고, 그리고 저녁이면 나를 데리고 화장터로 갔습니다. 그리고 아무 말 없이 어둠 속에서 타오르는 화장터 불꽃을 오래오래 바라보았습니다.

화장터 인부들 중에는 성격이 고약한 사람들이 있어서 외국인이 와서 오랫동안 구경하는 걸 싫어했는데, 그들도 시인이 오면 얼른 자리까지 잡아주었습니다.

처음 시체 타는 것을 보며 나는 참 많이도 울었습니다. 나는 지금도 그때의 내 기분을 설명할 수 없습니다. 장작더미 위에서 타고 있는 인간의 육체를 보면서, 내 몸도 그렇게 타버리는 걸 느꼈습니다. 그리고 육체가 참으로 아무것도 아니구나, 하고 생각했습니다. 영원한 것은 아무것도 없습니다. 어떤 것이든 지나고 나면 한순간에 불과합니다. 우리가 집착하고, 울고, 웃고 하는 것들도 결국은 다 연기처럼 사라지고 맙니다.

어쩌면 나는 그 화장터에서 정말로 죽음을 체험했는지도 모릅니다. 수천 년 전부터 한 번도 꺼진 적이 없다는 그 화장터 불꽃이 하루에도 여러 구의 시신을 태우면서 내게도 죽음을 체험하게 하고, 죽는다는 것과 산다는 것이 사실은 별 차이가 없는 것임을 깨닫게 했습니다.

당신이 결국 이 세상을 떠날 때, 당신은 아무것도 갖고 갈 수가 없다. 당신이 이 세상에서 한 행위의 결과만이 당신을 따라갈 뿐이다. (사진 Jason Taylor)

어느 날 저녁은 시인과 잘 아는 거리의 악사 부부가 찾아와서 해 지는 갠지스 강가를 등지고 앉아 노래를 불러주었습니다. 그것은 이런 내용의 노래입니다.

코끼리 상아로 장식한 화려한 침대를 가진 왕도
언젠가는 화장터에 실려 간다네.
두 개의 대나무 막대기에 실려.

금으로 온몸을 장식한, 하녀들을 거느린 어여쁜 왕비도
언젠가는 화장터에 실려 간다네.
두 개의 대나무 막대기에 실려.

결국에 필요한 것은 두 개의 대나무 막대기뿐이라네.
얼굴에는 갠지스 강물 두 방울
눈은 보리수 이파리로 가리운 채
몸을 덮은 천조각 외에는 어떤 값비싼 것도 필요없다네.

당신이 행한 선한 행위만이 당신을 따라간다네.
두 개의 대나무에 얹혀 화장터로 떠날 때.

내가 저녁마다 가서 앉아 있던 그곳은 마니카르니카라는 이름의 화장터입니다. 하루는 시인이 내게 그 화장터의 유래를 들려주었습니다.

인도 최고의 신 시바신은 히말라야 동굴에서 날마다 눈을 감고 명상에 잠겨 있었습니다. 그래서 그의 아내 파르바티는 몹시 화가 났습니다. 같은 신인 비시누 신은 넓은 왕궁을 짓고 아내와 함께 호화롭게 살고 있는데, 자기는 남편 곁에서 추위에 벌벌 떨고 있는 것이 참을 수 없었습니다. 그녀는 시바신을 닦달한 끝에 마침내 도시에 큰 왕궁을 짓게 되었습니다. 집을 짓고 나면 성직자를 불러 의식을 거행하는 것이 인도의 전통입니다. 바라문 성직자가 너무도 훌륭하게 의식을 치러주자, 기분이 좋아진 시바신은 그 성직자에게 소원을 물으며, 무엇이든 원하는 것을 한 가지 들어 주겠다고 했습니다. 그 성직자가 말했습니다.

"전 이 왕궁을 갖고 싶습니다."

약속한 대로 왕궁을 성직자에게 넘겨주며, 시바신은 아내 파르바티 여신에게 말했습니다.

"보시오. 이 나라의 최고 성직자까지도 재물을 탐내고 있소. 내가 당신을 어떤 장소로 데려다주리다. 그곳은 부자든 가난한 사람이든, 유명한 사람이든 평범한 사람이든, 모두가 인생에 한 번은 가야만 하는 곳이오."

그렇게 해서 시바신이 데려간 곳이 바로 바라나시의 마니카르니카 화장터입니다. 시바신의 아내는 화장터에서 타고 있는 시체들을 보면서 너무나 큰 충격을 받아 몸이 비틀거렸습니다. 그 바람에 귀에 달고 있던 귀고리 하나가 갠지스 강물에 빠졌습니다. '마니카르니카'란 바로 '귀에 달린 보석'이란 뜻입니다. 시바신과 그의 아내는 그곳에서 삶과 죽음에 대해 깊이 명상한 뒤 다시 히말라야로 돌아갔다고 합니다.

그동안 인도에서 내가 본 것은 모두 비참하고 가난한 모습뿐이었는데, 물론 이곳도 가난하지만 뭔가 삶에 대해 더 깊이 생각하게 하고, 그리고 집착을 갖는다는 것이 얼마나 미련한 일인가를 느끼게 해주는 곳입니다.

내가 묵고 있는 숙소 바로 밑에는 산자이네가 운영하는 구멍가게가 있습니다. 가게라고 해야 비스킷 몇 봉지와 담배 몇 갑, 짜이 만드는 재료가 든 깡통이 전부입니다. 시인은 고맙게도 어린 산자이를 시켜 아침마다 나를 위해 사과와 석류, 코코넛 등을 사다놓게 했습니다. 나는 빨간 알갱이가 알알이 박힌 석류를 먹고, 짜이를 한 잔 마신 뒤, 가게 앞에 놓인 기다란 나무걸상에 앉아 강을 바라보거나 지나가는 형형색색의 인도인들을 구경하며 낮 시간을 보냅니다.

점심때가 가까워오면 나는 슬슬 시장통 한가운데 보트맨(뱃사람)들이 손님을 기다리고 있는 곳으로 갑니다. 이 사람들은 모두가 시인과 친구들이기 때문에 나는 그들과 함께 있는 것이 든든하고 안심이 됩니다. 그들과 함께 앉아 계속해서 몰려오는 순례자들을 구경하고 있으면, 목걸이 장수와 귀 후벼주는 노인과 꽃등불 파는 소녀, 늙었지만 자존심 센 걸인, 떠돌이 탁발승, 벌이가 시원찮은 땅콩장수, 쪼개진 대나무 피리를 파는 앞니 빠진 남자, 심지어 양손에 붕대를 감은 나병 환자까지 몰려왔습니다. 목걸이 장수는 내가 "오늘 장사가 어때요?" 하고 물으면 언제나 "굿 비지니스!" 하고 착하게 웃으며 목걸이 하나를 그냥 줍니다. "노 머니, 노 프러블럼!" 하면서.

그들이 몰려오는 이유는 시인이 날마다 그들에게 점심을 사주기 때문입니다. 그들 대부분에게는 그것이 하루 중 유일한 식사입니다. 돈 몇 푼 벌어야 줄줄이 딸린 식구들을 먹여야 하기 때문에 밀가루떡 하나 사 먹을 여유가 없는 것입니다. 한번은 식당 주인이 그들을 받아들이길 거부하자 시인은 식당 카운터 위에 모셔져 있는 신상을 손짓하며 "너희네 신은 이런 가난하고 꾀죄죄한 사람들은 받아들이지 말라고 가르치느냐?"고 일장 훈계를 해서 결국엔 주인으로부터 사과를 받아냈습니다. 나도 속이 다 후련했습니다.

우리가 나눠 갖기만 한다면 아직 지구상에는 모든 인류가 먹을 수 있는 충분한 양식, 쓸 수 있는 충분한 돈, 치료할 수 있는 충분한 의약품이 있습니다. 한쪽은 너무 배가 부르고, 한쪽은 손을 떨며 배가 고파 죽어 갑니다. '예수님은 사랑'이라고 하는데, 교회 다니는 사람 한 명이 그런 굶는 아이들 한 명씩만 책임진다면 세상의 고통은 충분히 해결될 수 있습니다. '부처는 자비'라고 하는데, 절에 다니는 사람 한 명이 가난한 나라의 어른 한 명씩만 책임진다면 불교에서 말하는 낙원이 따로 필요 없을 것입니다.

미국에서는 무려 3천만 명이 비만으로 시달리고 있으며, 동시에 3천3백만 명이 기아에 허덕이고 있다고 합니다. 흑인, 제3세계 국가에서 이민 온 사람들, 저소득 빈민층이 그들입니다. 나누지 않기 때문에 일어나는 불균형입니다.

미국과 유럽 국가들에서 지출되는 애완동물 사료비만 합쳐도 전세계 가난한 나라들의 기본 의료비를 대고도 남는다는 통계가 있습니다. 미국의 대기업 모토롤라 회사의 한 해 수익은 아프리카 제2의 경제 규모를 지닌 나이지리아의 한 해 국민소득과 비슷합니다. 빌 게이츠 미국 마이크로소프트 회장 등 세계 최고 부자 세 명의 재산은 가장 가난한 나라 49개국에 사는 8억 명의 연간 소득보다 많습니다. 일본의 닌텐도사가 미국에 포켓몬 게임을 팔아 거둔 수입으로는 아프리카 르완다와 니제르의 빚을 다 갚을 수 있습니다.

인도와 아랍의 부자들 역시 그 재산은 상상을 초월할 정도입니다. 그런데 입 하나를 덜기 위해 독초를 먹여 갓난아기를 죽여야만 하는 엄마들을 그들은 외면하고 있습니다. 그들만이 아니라 온 세상이, 정치인과 지식인, 신문과 방송이 다 외면하고 있습니다. 어쩌다가 생색 내듯이 한 번 '우리 신문과 방송에서도 이런 일을 하고 있다'는 듯이 자정 넘은 시각에 그들의 참상을 보여줄 뿐입니다. 온갖 쓸데없는 방송과 기사들이 대중의 이목을 빼앗아가는 동안 한 해 수백만 명의 사람들이 신음소리조차 내지 못하고 죽어가고 있습니다. 일부 탤런트와 가수들이 벗기 경쟁을 벌이고 있는 동안 한쪽에서는 정말로 입을 옷이 없어 헐벗은 채 몸을 떨고 있습니다.

한 사람이 비싸고 맛있는 음식을 앞에 놓고 우아하게 포크와 나이프를 집어드는 순간, 스무 명의 사람이 배고픔을 잊기 위해 밤에 허기진 배 위에 돌을 얹어놓고 자야 합니다.

남부 아프리카 지역에서는 현재 최악의 식량부족 사태로 국제사회의 지원이 없으면 몇 달 안에 1천4백만 명이 심각한 굶주림에 처할 것이라고 국제 구호단체들은 호소하고 있습니다. 이 나라들의 경우 10달러만 있으면 어린이 한 명한테 하루 두 끼의 음식을 한 달 동안 줄 수 있습니다. 그리고 다섯 명의 가족이 한 달 동안 먹을 수 있는 옥수수 50킬로그램은 20달러면 충분히 살 수 있습니다. 1백 달러로는 6인 가족이 6개월 동안 먹을 수 있는 식량을 살 수 있습니다. 세계의 부자들이 마냥 기다리기만 한다면 그때는 이미 수천만 명이 목숨을 잃을 것입니다. 대재앙이 아닐 수 없습니다.

유엔은 남아프리카 공화국에서 열린 지구정상회의에서 각국에 빈곤퇴치를 다시금 촉구하는 내용을 담은 '요하네스버그 선언'을 채택했습니다. 하지만 그것은 여전히 선언으로 그쳤습니다. 실질적으로 해결에 앞장서야 할 미국과 유럽연합은 가난한 나라에 대해 무관심과 비협조로 일관하고 있습니다. 특히 미국은 그 나라의 유명한 투자가인 조지 소로스조차 '너무 작은 푼돈'이라고 비아냥거릴 정도로 가난한 나라에 대한 원조에 소극적입니다.

석유업자 몇 명의 배를 채우기 위해 전쟁을 일으키고 미사일을 쏘아댈 때, 수백만 명의 난민이 생겨납니다. 양심 없고 비인간적인 정치 세력들의 야욕을 채우기 위해 아무것도 모르는 수많은 아이들이 총알받이가 되어 쓰러져가고 있습니다. 이것을 방송과 신문들은 해외 단신으로만 내보내야 할까요? 무의미한 토크쇼와 말도 안 되는 오락거리로 황금시간대를 채우고 사람들을 점점 저속하게 만들면서 정말 우리가 귀 기울여야 할 이야기는 사람들이 다 잠든 시간에 내보내야만 할까요? 세상에서 일어나는 그런 비극들은 선진국인 미국이나 유럽 나라들이 책임질 일이라고 여겨야만 할까요?

나는 누구를 비난하기 위해 이 글을 쓰는 것이 아닙니다. 다만 속이

인도에서만 2천만 명의 아이들이 거리에서 살고, 일하고, 놀고, 잠자고, 꿈을 꾼다. "거리에서 살고, 거리에서 일하는 우리에게는 집도 잠잘 곳도 없다. 우리가 가진 거라곤 하늘과 땅뿐." —14세, 산자이 (사진 Manoj Jain)

상해서 그러는 것입니다.

어떤 책에서 이런 글을 읽은 적이 있습니다. 세상에서 가장 먼 거리는 인간의 머리에서 가슴까지의 거리라고 합니다. 머리에서 가슴으로 이동하는 데 평생이 걸리는 사람들이 있기 때문입니다. 머리와 가슴 사이에 너무 큰 바리케이드가 설치돼 있어 죽을 때까지 가슴으로 못 가는 사람이 되어선 안 될 것입니다.

생각의 차이, 종교의 차이, 능력의 차이, 피부색의 차이는 필요합니다. 지구는 다양성이 꽃 피어나는 곳이니까요. 그럼에도 불구하고 먹을 것과 입을 것은 나눠 가져야 합니다. 아메리카 인디언들 사회에서는 먹을 것을 훔쳐가는 것은 죄가 아니었다고 합니다. 오히려 누군가 먹을 것이 없게 만든 그 사회가 잘못이라 여겼다고 합니다. 최소한 굶어 죽지만은 않게 해야 합니다. 최소한 항생제 하나가 없어 눈이 멀게 하지는 말아야 합니다. 우리는 똑같은 인간이니까요.

갠지스강에 띄운 천 개의 꽃등불

북인도 바라나시에서 구멍가게를 하는 산자이네는 식구가 많습니다. 아빠는 일찍 세상을 떠나고, 자식들만 열 명입니다. 게다가 시집간 큰누나가 남편과 사이가 안 좋아 아기까지 데리고 와서 얹혀 살고 있습니다. 늙은 할머니는 아주 두꺼운 돋보기 안경을 쓰고 구석에서 입을 오물거리며 앉아 있는데, 안경을 쓰나마나인 것 같습니다.

정말 가난하기 이를 데 없습니다. 단칸방에 세들어 사는데, 그 집이 무너질 위험에 처해도 집주인이 수리를 해주지 않아 결국 나와 함께 간 시인이 나서서 튼튼하게 수리를 해주었습니다. 산자이 엄마는 나를 만날 때마다 시인 덕분에 안심하고 살 수 있게 되었다며 고마워합니다. 수리를 하지 않은 다른 집은 결국 무너져서 몇 명이 죽는 비극적인 사고가 일어났습니다.

가난하지만, 산자이네 식구들은 언제나 정겹습니다. 옷은 헐벗었어도 남자아이들은 머리에 가르마를 타고 기름을 약간 발라서 단정히 빗습니다. 그리고 짜이를 열심히 팝니다. 그러다가도 강 건널 사람이 있으면 잠깐 가게를 나한테 맡기고 형제들이 노를 저으러 달려나갑니다. 어느덧 내가 짜이도 팔고, 비스킷도 팔고, 쪼그리고 앉아 설거지도 도맡아 하게 되었습니다.

산자이의 막내여동생은 어디가 아픈지 얼굴에 푸른색이 도는 가냘픈 소녀입니다. 보고 있으면 너무 가냘퍼 그냥 부서질 것만 같습니다. 아무도 그 아이에게 관심을 갖지 않았지만, 시인은 그 아이를 무척 이뻐합니다. 어느 날은 내 샴푸를 가져다가 소녀의 긴 머리를 감기고 햇볕에 그 머리가 다 마를 때까지 가만가만 빗질을 해주는 것을 보았습니다.

나도 시인처럼 그렇게 조용히 누군가를 돕고 싶습니다. 하지만 나는 가능하면 더 많은 사람들에게 알려야 하니까 그렇게 할 수가 없습니다. 내 역할은 따로 있다는 것을 압니다. 내가 한 일들은 방송과 잡지를 통해 모두 알려집니다. 어떤 때는 더 과장되게 알려질 때도 있습니다. 내가 바라는 바는 아니지만, 그것이 내가 맡은 역할입니다. 어쨌든 내가 인도에서 지켜본 그 시인은 '한 명으로 이루어진 구호단체'나 다름없습니다. 그리고 사실 우리들 각자가 '한 사람으로 이루어진 구호단체'가 되어야 할 것입니다.

시인의 원조로 산자이를 포함해 그 집의 여덟 아이들이 학교를 다니고 있습니다. 시인은 단순히 학비를 대주는 것만이 아니라 책가방도 사주고 학교에 가서 교사들과 면담도 했습니다. 인도뿐 아니라 파키스탄 방글라데시, 네팔에서는 일부 부모들이 아무런 소용이 없다는 이유로 딸들을 학교에 보내는 것을 꺼리고 있습니다. 보고서에 따르면 취학 연령층에 속한 전세계 어린이 1억 2천만 명이 교육 혜택을 전혀 받지 못하고 있습니다. 어린이 여섯 명 중 한 명꼴로 교육에서 제외당하고 있는 것입니다. 특히 여자아이들이 교육 기회를 더 박탈당하고 있습니다.

사하라사막 이남의 아프리카 지역과 동남아 지역에서는 각각 4천 6백만 명 이상의 어린이가 학교 문턱에도 가보지 못한 상태입니다. 서방 선진국에서조차 대략 250만 명의 어린이가 정식 교육을 받지 못하고 있습니다. 탈레반 정권의 아프가니스탄에서는 여자아이들의 교육 기회가 완전히 박탈당했습니다.

교육만이 아닙니다. 해마다 6백만 명의 아이가 다섯 살이 채 안 돼 굶주림으로 숨져가고 있습니다. 아프리카 말리에선 다섯 살 미만 어린이 세 명 가운데 한 명이 숨지고 있습니다. 잠비아에선 매년 선진국에 빚 갚는 데 쓰는 4억 3천만 달러를 의료 부문에 쓰면 현재 30퍼센트 가까운 영아사망률을 미국과 비슷한 8퍼센트로 떨어뜨릴 수가 있습니다.

유엔아동특별총회에서 밝힌 내용에 따르면 현재 세계 어린이 1억 5천만 명이 영양실조로 신음하고 있습니다. 작년 11월 미국 뉴욕의 유엔안전보장이사회에서 아프리카의 한 소년이 연설을 한 적이 있습니다. 시에라리온 반군 세력인 혁명연합전선에서 소년병 지휘관으로 있다가 풀려난 열네 살의 이 소년은 아프리카 분쟁 지역에서 겪는 아이들의 고통을 국제사회에 호소했습니다.

그 소년은 열 살 때 반군에 납치된 뒤 2년 반 동안 전투에 참여했으며, "내 손으로 많은 사람을 죽였고, 많은 사람이 죽어가는 모습을 보았다."고 증언했습니다.

전세계 어린이들이 고통받는 곳은 전쟁터뿐만이 아닙니다. 유엔아동

꽃등불 천 개를 띄우면 지상에서의 소원이 다 이루어진다고 했다. 세상의 고통받는 아이들을 위해서, 그 아이들의 웃음과 행복을 위해서 나는 칠흑같이 깜깜한 강물 위로 꽃등불 천 개를 띄웠다. (사진 Steve Mccurry)

기금은 '동남아 섹스 종사자 중 3분의 1이 어린이들'이라는 보고서를 내놓았으며, 세계보건기구는 '전세계 어린이 다섯 명 중 한 명이 열악한 환경과 성적 학대, 굶주림 등으로 심각한 정신장애에 시달리고 있다'고 경고했습니다.

현재 세계 인구의 36퍼센트에 해당하는 21억 명의 어린이가 지구상에서 살고 있습니다. 매년 1억 3천만 명의 아기가 태어나지만, 이중 41퍼센트인 5천만 명이 넘는 숫자가 출생신고조차 되지 않은 상태로, 이름도 국적도 없이 인간으로서의 기본 권리도 보장받지 못한 채 어디선가 살아가고 있습니다.

지난 40년 동안 5세 이하 사망자 수는 전세계적으로 절반 가량 줄어들었지만, 같은 기간 사하라사막 이남의 아프리카 지역은 두 배 이상 늘어났습니다. 현재 사하라 이남 지역은 1천 명당 175명이 5세를 넘지 못하고 죽어가며, 유아사망률이 가장 높은 곳은 시에라리온, 앙골라, 니제르 등입니다. 아프가니스탄과 파키스탄, 이라크, 예멘 등도 예외가 아닙니다.

절대빈곤이란 하루 1달러 미만의 수입으로 생계를 유지하는 가정을 말합니다. 전세계 어린이 25퍼센트가 이 절대빈곤에 시달리고 있으며, 저개발 국가에서는 그 숫자가 33퍼센트에 이릅니다.

그리고 2003년 현재 에이즈에 걸린 사람은 3,600만 명으로 추산되는데, 이 가운데 여성이 1,640만 명, 15세 미만 어린이가 140만 명입니다. 에이즈로 부모를 잃고 고아가 된 어린이는 1,040만 명에 달하며, 10년 뒤에는 그 숫자가 두 배로 늘어날 것이라고 합니다. 2000년 한 해 동안

530만 명이 에이즈에 새로 감염되었으며, 그 가운데 절반이 아이들입니다. 사하라 이남 아프리카 지역은 에이즈로 거의 초토화되고 있습니다. 이 지역에만 전세계 에이즈 감염자의 70퍼센트가, 에이즈로 고아가 된 어린이의 90퍼센트가 살고 있습니다.

이런 통계를 볼 때마다 '신은 정말로 존재하는가?' 하는 생각이 끊임없이 나를 괴롭힙니다. 이 아이들을 이렇게 힘없이 죽게 할 것이면 왜 창조하셨는지요?

가난함과 삶의 고단함이 인간을 힘들게 하는 곳이긴 하지만, 그해 바라나시에서 보낸 한 달 남짓한 기간은 내게 마음의 평화와 삶의 의지를 다시 안겨주었습니다. 세상의 일로부터 벗어나 온전히 나 자신을 바라보는 기회가 되었습니다. 그리고 다시금 힘을 내어 세상의 가난한 사람들을 위해 일하리라 다짐하게 되었습니다.

바라나시에 오지 않았더라면 내 가슴에 인도는 엄마가 태어난 지 3일밖에 안 된 자식을 죽여야만 하는 비정한 곳, 가난하고 더러운 곳으로만 남아 있었을 것입니다. 이제 인도는 내 가슴속에 욕심 없고 따뜻한 사람들이 사는 곳, 삶과 죽음의 경계선이 없는 곳으로 자리잡고 있습니다. 세상으로부터 사라지겠다는 내 생각도 슬며시 자취를 감추었습니다.

떠나기 전날 밤, 안개 때문에 바라나시 밤하늘엔 별이 하나밖에 없었습니다. 산자이네 식구가 총동원되어 만든 꽃등불 천 개를 배에 싣고 나가 강에 띄웠습니다. 꽃등불 천 개를 띄우면 지상에서의 소원이 다 이루어진다고 합니다. 물이 새지 않는 잎사귀에 황금색 금잔화 잎사귀를 두르고 그 가운데 기름 묻힌 솜을 놓은 너무도 예쁜 꽃등불입니다. 산자이와 여동생, 시인과 나, 그렇게 넷이서 배에 타고 갠지스강에 꽃등불 천 개를 띄웠습니다. 그리고 마음속 깊이 기도했습니다. 세상의 고통받는 아이들을 위해서. 그 아이들의 웃음과 행복을 위해서.

칠흑같이 깜깜한 강물 위로 꽃등불들이 별처럼 흘러갔습니다. 나를 바라나시로 인도해준 시인에게 감사드립니다.

가장 가난한 나라의 행복 지수

세계에서 가장 못 사는 나라 다섯을 꼽으라면 늘 꼽히는 나라. 물의 나라, 강이 많은 나라, 히말라야에서 눈 녹은 물이 쏟아져내려 번갈아 홍수가 나고 해일이 무섭게 일어나는 나라, 그래서 해마다 지도가 바뀐다는 나라. 자연재해, 질병, 부정부패로 사람들이 숨 쉬고 사는 것만으로도 감사하게 생각해야 하는 나라, 방글라데시.

내가 방글라데시에 갔을 때는 4월 말인데도 기온이 40도에 이르고 숨을 헉헉거릴 정도로 끈적거려, 정말 더운 게 무엇인가 보여주는 나라 같았습니다. 수도 다카는 사람이 끄는 릭샤(인력거)와 오토 릭샤, 넘치는 인파들로 거리가 비좁을 정도였습니다.

이곳에도 예외없이 거의 벌거벗은 아이들이 많습니다. 길에서 파는 사탕수수즙 내는 그릇엔 당연하다는 듯이 파리가 다닥다닥 붙어 있습니다. 거리의 이발사들이 나무걸상에 손님을 앉혀놓고 얼굴과 목 가득 사정없이 흰 비누 거품을 칠해대고 있고, 바퀴 달린 모든 움직이는 것들에는 온갖 그림이 빼곡히 그려져 있습니다. 인도와도 비슷하고, 베트남,

라오스와도 비슷합니다. 가난해도 이 나라 사람들은 시에 대해 깊은 열정을 갖고 있다고 합니다. 내가 시를 좋아해서인지 그 점이 마음에 듭니다. 방글라데시 출신인 타고르의 시에 내가 좋아하는 구절이 있습니다.

> 나는 당신의 발치에 쓰러졌습니다.
> 나는 한 개의 갈대 피리
> 오직 당신만의 음악으로
> 내 삶을 채우소서.

그의 시로 만든 노래들은 아직도 방글라데시 사람들의 생활 속에 깊이 살아 있으며, 유행가 가사 속에는 꼭 그의 시가 들어 있다고 합니다.

방글라데시는 85퍼센트가 이슬람교도라서, 무슨 일을 하다가도 하루에 다섯 번씩 꼭 기도를 합니다. 길에서 들려오는 음악도 인도에서 들은 것과 비슷합니다. 여자들의 옷도 인도 여인들의 사리와 비슷하고 땔감 만드느라 소똥을 반죽하는 여자들의 모습도 같고, 이마에 빈디(점)를 붙인 것도 같습니다. 길거리에서 남자들이 치마처럼 생긴 옷을 걷어올리고 앉아서 소변을 보는 모습도 자주 보입니다.

방글라데시는 남쪽 미얀마 근접 지역에 산이 있긴 하지만, 대부분이 평지입니다. 그래서 사방을 둘러봐도 지평선뿐입니다. 그 지평선 위로 펼쳐지는 일출과 저녁 노을, 떠오르는 별 등은 실로 아름답습니다.

인도에서 갠지스강을 따라 북동쪽으로 깊숙히 들어가면 늘 희뿌연 먼지로 뒤덮인 작은 평지가 나타납니다. 이곳부터는 갠지스강이 파드마강으로 이름이 바뀝니다. 이 강은 북쪽 네팔에서 흘러내려온 자무나강과 어울려 수도 다카 주변에 거대한 삼각주 평야를 만듭니다. 그리고는 다시 벵골만으로 흘러갑니다. 그 밖에도 많은 작은 강들이 곳곳에 흐르는 나라 방글라데시는 브라질과 콩고 다음으로 세계에서 물이 많은 나라입니다.

지구 온난화의 가장 큰 피해자가 방글라데시입니다. 해수면이 상승해 매년 20퍼센트 정도의 면적이 홍수로 피해를 입습니다. 1988년에는 국토의 60퍼센트가 홍수 피해를 당했습니다. 이때의 사망자는 10만 명이 넘었고, 그 이후 3년 동안에도 홍수로 인한 사망자가 14만 명이 넘었습니다.

한 보고서에 따르면 매년 벵골만의 해수면이 10밀리미터씩 상승한다고 합니다. 이것은 조만간 방글라데시의 10퍼센트 면적이 완전히 바다속에 잠겨버린다는 뜻입니다. 이런 예상된 재해에 대해 방글라데시 정부는 아무 대책도 갖고 있지 못합니다. 방글라데시를 도우려는 국제적인 노력 역시 정부의 부패한 관리들 때문에 별 효과가 없습니다. 1971년부터 지금까지 국제원조기구로부터 받은 360억 달러의 약 80퍼센트가 부패한 관리들의 호주머니 속으로 들어갔습니다. 금세기 최악의 홍수라 불린 1998년 홍수 때는 수해가 방글라데시 전역을 휩쓸어 1천여 명의 생명을 앗아가고 약 3천만 명의 이재민을 만들었습니다.

방글라데시에는 우리나라 면적의 3분의 2밖에 안 되는 작은 면적에서 1억 3천만 명의 사람들이 살고 있습니다. 그 어느 나라보다도 인구 밀도가 높습니다. 이 나라에서는 5세 이하 사망률이 너무 높아 아이를 열 명

낳으면 일고여덟 명은 죽습니다. 그래서 호적을 열 살쯤 돼야 올리기 때문에 자기 나이를 정확히 아는 사람이 드물고, 다들 나이를 물으면 한 스무 살쯤 됐을 거라고 대답합니다. 이질이 한번 돌면 1,2만 명이 그냥 죽을 수밖에 없고, 나라가 너무 가난해 국가 재정의 반은 다른 나라의 원조를 받아야 살 수 있습니다. 기막힌 나라입니다.

힌두교 국가인 인도에 속해 있다가 인도가 영국에서 독립하자 이슬람교도들이 모여 따로 떨어져나온 이 나라는 이슬람교 율법에 따라 남자들은 네 명의 여자와 결혼할 수 있습니다. 이 마을에서 한 여자와 결혼하고, 다음 마을에 가서 또 다른 여자와 결혼하는 식입니다. 남자 입에서 이혼이라는 말이 세 번 나오면 여자는 더 이상 그 집안 사람이 아닙니다. 그리고 혼자서 아이들을 키워야 합니다. 그렇다고 여자가 친정부모나 형제 집으로 갈 수도 없습니다. 결국 여자는 가진 것도, 배운 것도 없이 길거리로 아이들과 함께 내쫓깁니다. 빈민가의 여인들은 아이를 제대로 키울 수 없어 자식들이 병들고 영양실조로 죽어가는 것을 보면서도 어찌할 바를 모릅니다.

수많은 아이들이 거리에, 기차역에, 강둑에, 빈민가에 떠돌고 있습니다. 이들은 시골에서 빚지고 갚지 못해 도망온 부모들의 자식이거나 이혼당한 여자의 아이들입니다.

이 나라의 문맹률은 70퍼센트에 달합니다. 글자를 모르는 사람들이 대부분이기 때문에 그림으로 선거 포스터를 만듭니다. 후보자의 사진에 이름과 번호 대신 파인애플이나 의자, 자전거 등의 그림을 그려넣어 그것으로 후보자를 선택하게 하는 것입니다.

"누가 당신에게 도움을 청하러 오거든 신이 도와줄 것이라고 말하지 말라. 마치 신이 존재하지 않는 것처럼 당신이 나서서 도우라." ─ 싯다 바바

그런데 몇 년 전 뜻밖의 보고서가 발표되었습니다. 독일의 슈피겔지가 조사한 결과, 방글라데시인들이 세계에서 가장 행복한 사람들로 나타났습니다. 미국 등 선진국은 하위권에 머물렀고, 우리나라는 23위였습니다.

세계에서 가장 가난한 나라에 사는 사람들이 왜 가장 행복할까요? 보고서는 이렇게 풀이하고 있습니다. 그들이 가진 행복의 비결은 가난 속에서 높은 꿈을 갖지 않고 현실에 만족하며 작은 것에 기뻐하는 데 있다는 것입니다. 또한 가족과 친구, 이웃간에 오가는 애정 속에서 안정감을 느끼고 그것이 삶의 행복으로 이어진다는 것입니다.

이 보고서가 발표되자 많은 사람들이 신기해하며 자신들이 쓰는 글과 기사에 그것을 인용했습니다. 하지만 우리가 잊지 말아야 할 것은 통계는 숫자에 불과하다는 것입니다. 전체의 행복 지수가 아무리 세계 1위라 해도, 이 나라에는 여전히 전세계에서 가장 고통받는 사람들이 허기진 배를 움켜쥐고 쓰러져 있습니다. 행복 지수에 대한 보고서 하나로 이들의 고통을 미화시켜선 안 됩니다.

"박시시(한 푼 주세요)"를 외치며 앞다퉈 손을 내미는 거리의 헐벗은 아이들과, 잘못된 관습과 신분차별 제도에 가장 큰 희생자가 되어 살아가는 여인들을 위해 무엇인가를 하지 않으면 안 됩니다. 끝없는 굶주림과 소외에서 그들을 구해야만 합니다. 하지만 독일 슈피겔지의 행복 지수에 대한 그 보고서는 더 나쁜 영향을 주고 있다고 합니다. 외국인들이 방글라데시의 정부 관리들에게 빈곤 문제와 부패에 대해 지적하면 행복 지수가 이렇게 높은데 무슨 상관이냐며 귀찮게 하지 말라고 한답니다.

당신이 가진 재산은 얼마인가요

텍사스의 대석유사업가가 한 성직자를 자기 집으로 초대해 저녁 대접을 했습니다. 식사를 마친 뒤 그는 자기의 많은 재산을 자랑하고 싶었습니다. 먼저 옥상으로 가서 동쪽의 거대한 석유탑을 가리키면서 말했습니다.

"저것이 모두 내것이오. 난 40년 전 맨손으로 이 나라에 왔지만, 이젠 저렇게 끝도 없는 유전탑을 갖게 되었소."

그리고는 서쪽으로 가서 수많은 소떼를 가리키며 말했습니다.

"저것도 모두 내것이오. 40년 전 난 무일푼이었지만 열심히 일하고 저축해 이렇게 많은 걸 갖게 되었소."

남쪽으로 가서 거대한 골프장을 가리키면서 또 말했습니다.

"저 골프장도 내 재산이오. 그리고 저 반대편 북쪽의 호텔도 내가 세운 것이오. 난 이제 부족할 것이 없는 부자가 되었소."

그러자 성직자가 석유사업가의 어깨에 손을 얹고 하늘을 가리키면서 말했습니다.

"이 방향으로는 지은 게 얼마나 있소?"

부자가 부끄러워 고개를 숙이며 말했습니다.

"그 점은 미처 생각해 보지 않았습니다."

방글라데시의 수도 다카 시내에 위치한 빈민가 하자르밧에는 아이들이 좁디좁은 골목골목마다 넘쳐나고 있습니다. 이곳의 아이들도 인도 아이들처럼 새까만 눈이 너무 예쁩니다. 더러워도 너무 예쁩니다. 그리고 잘 웃습니다. 빈민가는 두 사람이 겨우 지나갈 만큼 좁은 길을 따라 판자촌이 이어져 있습니다.

머리를 어지럽게 만드는 뜨거운 태양 아래를 걸어 그곳 빈민가의 한 가정을 방문했습니다. 아들 셋을 둔 엄마가 우리를 맞이했습니다. 나무를 해서 내다 팔아 사는데, 한 달 벌이가 8백 다가(1만 5천원)라고 합니다. 그런데 그것도 잘 안 돼 굶는 날이 허다하다며 기미가 까맣게 앉은 얼굴로 여인은 내게 부채질을 해주며 말했습니다. 손님에게 부채질해 주는 것을 보니 옛날 우리 어머니들의 모습이 떠올랐습니다.

손바닥만 한 마당 귀퉁이에서 까맣고 윤나는 머리를 느슨하게 땋아내린 소녀가 무엇을 끓이는지 불을 때고 있습니다. 딸이냐고 물으니까 아니라고 합니다. 부모가 다 죽고 불쌍해서 데려다 같이 산다는 것입니다. 내 코가 석잔데 거기다가 또 불쌍한 이웃까지 챙기고 있었습니다. 꼭 돈이 있어야 누구를 도와주는 것이 아니라는걸 또 한번 느꼈습니다. 그래서 그 여인이 더 정답게 다가왔습니다.

르완다에 난리가 나기 전에는 세계의 이목이 방글라데시에 집중돼 있었습니다. 그래서 비틀즈 멤버인 조지 해리슨과 링고 스타, 록스타 밥

딜런 등이 자선콘서트를 열 정도로 방글라데시는 못사는 나라의 대명사였습니다. 지금도 전세계에서 온 많은 자선구호단체들이 지참금 때문에 시집 식구들과 남편, 시어머니에게 학대 당하는 여자들의 생계를 마련해주는 일을 하고 있습니다.

주베다를 만난 것도 그곳에서입니다. 눈이 예쁘고 피부가 검은 주베다는 열여섯 살에 시집을 갔는데, 지참금이 적다는 이유로 남편에게 걸핏하면 구타를 당했습니다. 하루는 아기를 안고 있는데 시어머니가 벽으로 떠밀어 척추가 부러져 하반신 마비가 되었습니다.

주베다는 지금 여덟 살 난 아들 자하룰 이슬람과 자선단체에서 마련해준 조그만 방에서 닭들과 함께 살고 있습니다. 그리고 재산목록 1호인 재봉틀이 있습니다. 닭을 키우고 재봉틀로 수를 놓아 생계를 유지합니다. 하지만 스물두 살인 주베다는 죽을 때까지 일어설 수 없습니다. 앉아서 모든 일을 해야만 합니다.

주베다의 단 하나의 희망인 아들 자하룰이 엄마를 돕고 있습니다. 하지만 열두 살이 되면 아들을 남편에게 주어야 합니다. 그것이 이 나라의 법이기 때문입니다. 시어머니가 밥그릇을 빼앗고 떠다밀어 척추가 부러져 병원에 입원해 있는 동안 남편은 새장가 갔다는 얘기를 담담히 하던 주베다도 아들을 돌려줘야 한다는 얘기를 하면서는 눈물이 복받쳐 소리 내어 울고 말았습니다. 울면서 그녀가 드러내 보이는 등에서 허리 사이에는 뼈가 곱추등처럼 튕겨져나와 있었습니다.

너무 마음이 아파 나는 그녀의 곱추등을 어루만지며 위로했습니다.
"많이 아프고 힘들죠?"

인생을 다시 시작한다면 가난하고 불행한 사람들을 위해 더 많은 시간을 가지리라. 내가 가진 것에 만족하고,
덜 가진 사람들의 고통을 이해하리라.

그리고는 더 말을 잇지 못하고 함께 눈물을 쏟았습니다. 그녀는 내 손을 잡으며 오히려 나를 위로했습니다.

"난 괜찮아요. 다 이유가 있어서 이런 일이 일어난 것이겠죠. 슬퍼하지 말아요."

그러면서 그녀는 나더러 먼 길 오느라 다리가 아플 테니 하나밖에 없는 나무의자에 앉으라고 연신 권했습니다. 그 말에 나는 더 눈물을 쏟았습니다.

자하룰 이슬람. 여덟 살밖에 안 됐지만 까불대지 않고 눈이 깊은 소년. 엄마를 바라보는 눈에 애정이 가득합니다.

"얼른 어른이 되어 엄마에게 잘해라."

서로 알아듣지 못하는 말이지만, 소년은 내 말의 의미를 아는 듯 눈으로 대답했습니다.

주베다의 경우는 그래도 자선단체의 도움으로 생계를 이을 수 있게 되어 다행입니다. 이 나라 여성의 3분의 1이 지참금 문제로 학대받고 심지어는 매를 맞아 죽는 경우까지 있습니다. 가난한 나라일수록 아이들과 여자들이 가엾습니다. 라오스에서는 남자가 장가와서 3년을 처갓집에서 농사를 지어준다는데, 왜 그런 건 배우지 않는 걸까요.

당신이 가진 재산은 얼마인가요

이 나라에서 결혼은 중매장이가 신랑집에 처녀 사진들이 붙은 앨범을 보여줘서 마음에 드는 처녀가 있으면 식을 올립니다. 가난해도 결혼식만은 최고로 화려하게 하기 때문에, 신랑은 그날 하루만은 황제의 복장을 하고 나타납니다. 부정한 것이 들어오지 못하게 수건으로 입을 가리고, 릭샤를 타고 신부가 기다리는 집으로 들어갑니다. 신부의 엄마는 전통 의상을 차려 입었지만, 아버지는 런닝셔츠 바람입니다.

시집가는 딸을 보며 눈물 짓는 것은 우리와 똑같습니다. 내가 본 결혼식에서는 신랑이 열다섯 살, 신부는 열네 살이었습니다. 이 두 꼬마 부부는 결혼식날 누가 앞에서 비쳐 주는 거울을 통해 상대의 얼굴을 처음 보았습니다. 신랑은 신부가 마음에 드는지 입이 귀에 걸렸습니다. 하지만 나는 '그러면 뭐하나. 지참금이 적으면 남보다도 못한데. 시를 사랑한다는 사람들이 왜 이런 이해 못할 짓을 하는 걸까?' 하는 생각이 먼저 들었습니다. 물론 지참금을 문제 삼지 않고 가난해도 서로 사랑하며 잘 사는 사람들이 더 많을 것입니다. 그렇게 믿고 싶습니다.

아이들이 노동하는 벽돌 공장에 갔습니다. 이 나라는 이상하게 돌이 없기 때문에 일단 벽돌을 만든 뒤 그것을 망치로 두들겨 깨서 자갈처럼 만듭니다. 그래서 아스팔트 같은 걸 놓을 때 그 밑에 까는 자갈 대신 씁니다. 애초에 자갈만하게 만들지 왜 벽돌로 만들어 깨는지 내내 이상했습니다. 어쨌든 그 벽돌 깨는 일을 대개 아이들이 합니다. 여덟 살에서 열두 살 정도의 아이들입니다. 물론 학교는 갈 수가 없습니다. 하루 종일 뙤약볕에 앉아 벽돌을 부수고 받는 임금은 우리 돈으로 5백 원 정도입니다. 어떤 때는 벽돌 세 장으로 임금을 대신하기도 합니다.

그리고 나무를 잘라 땔감으로 파는 사람들이 많습니다. 그렇지 않아도 비만 오면 홍수가 나서 수많은 사람들이 목숨을 잃는데, 한쪽에서는 끼니를 이을 길이 없으니까 나무를 베고 있습니다. 어떻게 할 수가 없으니까 나라에서도 속수무책입니다.

그동안 구호단체의 도움으로 릭샤(인력거)를 한 대 임대 받아서 먹고 살게 된 사람이 굳이 나를 초대해 식사를 대접하겠다고 해서 그 집으로 갔습니다. 천막처럼 생긴 집으로 들어가니 바닥에 돗자리가 깔려 있습니다. 그리고 하얀 쌀밥에 우리나라의 시래기죽 같은 것을 부어줍니다. 생선 반찬까지 해놓은 걸 보니 굉장히 신경 써서 준비한 음식입니다.

물론 수저도 없고 상도 없습니다. 그 남자가 하는 대로 손으로 밥알이 흩어지지 않게 뭉쳐서 먹었습니다. 부인은 우리가 먹는 걸 시중 들기만 했습니다. 항아리에서 물을 떠주는데, 얼마나 정성스럽게 떠주는지 안 마실 수가 없습니다. 병에 든 생수 외에는 절대 마시지 말라는 얘기를 귀에 못이 박이게 들었지만, 내게도 그동안 내성이 생겼는지 아무렇지도 않습니다. 금방 설사병에 걸릴 것이라고 다들 걱정을 합니다. 하지만 그런 것에 잘 견디는 무엇인가가 내 몸 안에 있는 게 틀림없습니다. 난 좀처럼 멀미도 하지 않습니다. 덕분에 11년 넘게 아프리카와 아시아의 온갖 험한 나라들을 다닐 수가 있었습니다. 신은 내게 이 일을 시키기 위해 태어날 때 이미 그런 능력을 심어놓으셨는지도 모릅니다.

밥을 얻어먹은 건 나인데도, 남자는 고맙다고 내게 몇 번이나 인사를 했습니다. 감사의 인사를 받을 사람은 내가 아닙니다. 나 같으면 당장 포기할 열악한 환경에서도 포기하지 않고 살아가는 그 사람이 인사를 받아야 합니다.

하자르밧 프리스쿨도 방문했습니다. 재봉 기술을 가르쳐 자립하도록 도와주는 곳입니다. 재봉틀을 일일이 사줄 수는 없지만 이곳에서 수놓는 법, 옷 만드는 법 등을 가르칩니다. 전혀 자립 능력을 갖추지 못하고 있고, 그래서 더 천대받는 여성들에게 이 프리스쿨은 말 그대로 자유와 희망의 상징입니다.

그 다음에는 배를 타고 파드마강을 건너 쿨나라는 곳으로 갔습니다. 그곳에선 의료사업을 지원하고 있는데 소아마비, 결핵, 이질 등을 예방하는 치료를 하고 있습니다. 그곳 아동재활 프로젝트 담당관인 다얄드 부나스 박사 말에 따르면 영아사망률이 1천 명 중 125명이고, 93퍼센트가 영양실조라고 합니다. 에티오피아와 막상막하입니다.

엄마들이 해줄 수 있는 일은 병에 걸리지 말라고 검은 연필 비슷한 것에 크림을 묻혀 아이의 눈 주위를 까맣게 칠해주고 이마에 점을 만들어 주는 것이 전부입니다. 이런 아이들을 데려다 예방접종을 해주고, 또 한쪽에서는 여인들을 대상으로 피임 교육을 시키고 있습니다. 그런데 이 나라는 문맹율이 높아서 약을 주면 여자가 먹어야 할 약을 남자가 먹는 웃지 못할 일이 벌어집니다. 한국의 여러 자선단체들이 방글라데시에 지원하는 돈은 1년에 약 1백만 불 정도입니다. 모두 여러분들이 모아주신 성금입니다. 얼마나 시간이 흘러야 이 나라가 혼자 일어설 수 있을까요.

여덟 살인 자하룰 이슬람이 어른이 될 때쯤이면 지참금 때문에 하반신이 마비되도록 얻어맞는 여자는 없어질 것입니다. 그런 희망을 갖고 이 나라를 떠납니다.

  생전 처음 써보는 책, 어린 나이에 삶의 고통부터 배우고 항생제 한 알이 없어 눈이 멀고 죽음의 암흑 속으로 사라져야 하는 아이들을 위해서 쓰는 이 책이 많은 분들의 마음을 움직여주기를 간절히 바랍니다.

자기가 태어나기 전보다 세상을 조금이라도 살기 좋은 곳으로 만들어놓고 떠나는 것, 자신이 한때 이곳에 살았음으로 해서 단 한 사람의 인생이라도 행복해지는 것, 이것이 진정한 성공이다.

살아남은 자의 슬픔

내가 그동안 다닌 나라들은 주로 통계 숫자로만 세상에 알려져 있습니다. 아프가니스탄도 그중 한 나라입니다. 지난 20년 동안 내전과 독재 정권 아래서 1백만 명이 굶어 죽었습니다. 5분에 한 명씩 죽고, 국민의 10분의 1이 이슬람 근본주의자들의 손에 살해되었으며, 인구의 30퍼센트인 650만 명이 난민입니다. 내전에서 살아남기 위해 남부에서 북부로, 북부에서 남부로 쫓겨다니는 사람들을 제외하고도 20년 동안 1분당 한 명이 난민으로 전락했습니다. 전세계 마약 거래량의 80퍼센트 이상을 공급하면서도 여전히 가난에 찌든 나라입니다.

오랜 전쟁과 학살로 인구의 50퍼센트가 14세 미만이고, 평균 수명 45세, 유아 1천 명 당 152명꼴로 사망률 세계 1위, 글을 읽을 줄 아는 사람은 전체의 25퍼센트로 세계 최저 수준입니다. 그리고 아프가니스탄에서는 날마다 일곱 명이 지뢰를 밟습니다. 붉은 페인트로 해골 모양을 그린 지뢰 경고 팻말이 곳곳에 세워져 있습니다. 각 부족이 다른 부족을 상대로, 침략국이 아프가니스탄 사람들을 상대로 묻어놓은 지뢰가 전국에 무려 1천만 개가 넘습니다. 어딜 가나 지뢰를 밟거나 건드려 한쪽 다리를 잃었거나 팔이 잘린 사람들 투성이입니다. 지뢰 제거를 위해 들어온 외국인 전문가들도 너무 심각하다며 그냥 돌아가버릴 정도입니다.

마을 뒤켠에는 으레 공동묘지가 있고, 무너진 흙벽들은 총탄과 불에 그을린 자국으로 얼룩져 있습니다. 지구상에서 가장 많은 지뢰가 묻혀 있다는 이 아프가니스탄은 한마디로 전쟁박물관입니다. 여기저기에는 불타다 남은 탱크의 잔해, 대포, 폭탄, 장갑차, 군용 차량, 탄피 등이 수없이 널려 있습니다. 비극에 의해 가족들은 죽거나 뿔뿔이 흩어지고, 아이들은 굶주림으로 죽어가고 있습니다.

지금도 계속되고 있는 아프가니스탄의 내전은 같은 알라신을 믿으면서도 종파가 다른 중동의 이슬람 국가들이 서로 게릴라들을 파견해 이 나라에서 싸우고 있는 어처구니없는 상황입니다. 알라의 이름으로 서로를 악착같이 죽이는 것입니다. 그 피해자는 결국 무고한 민간인, 아이들과 여자들입니다.

바다에서 멀리 떨어진 내륙 국가인 아프가니스탄은 세계에서 가장 개발되지 않은 지역 중 하나로 인구의 80퍼센트가 시골에서 가난하게 살고 있습니다. 해발 3,400미터의 힌두쿠시 산맥이 중앙아시아와 인도 대륙으로부터 이 나라를 장벽처럼 고립시키고 있습니다. 이곳은 지난 수세기 동안 강대국들의 침략이 실패로 끝난 곳으로 알려져 왔습니다. 소련과 영국 군인들은 이곳을 손에 넣으려 하다가 참혹한 대가를 치러야만 했습니다. 그들은 구릉지대에서 습격을 받고, 언덕을 넘다가 저격을 당했으며, 나무 하나 없는 산중턱에서 포위되기 일쑤였습니다. 1842년에는 이 나라를 점령하기 위해 진군한 1만 6천5백 명의 영국군과 민간인들이 수도 카불에서 후퇴하다가 전멸당했습니다. 생존자는 단 한 명 뿐이었습니다.

아프가니스탄이 갑자기 세계의 주목을 받기 시작한 것은 2001년 9월 11일 뉴욕 세계무역센터 대테러사건이 일어나 미국이 그 주범으로 아프가니스탄에 은신중인 오사마 빈 라덴을 지목한 다음부터입니다. 미국은 탈레반 정권에게 빈 라덴을 양도할 것을 요구했으나 거부당하자 그해 10월 영국과 함께 맹렬한 공격을 가했습니다. 그 결과 또 엄청난 숫자의 난민들이 집을 잃고 나라 밖에서 헤매야만 했습니다. 미국 테러사건과는 아무 상관없는 선량한 시골 사람들이 피해자가 된 것입니다.

전쟁의 역사가 무엇인가를 알려면 아프가니스탄을 연구하라는 말이 있습니다. 1979년 소련연방공화국이 흔들리는 공산체제를 뒷받침할 목적으로 이 나라를 침공했고, 소련군이 철수한 다음에는 종족간의 피비린내 나는 내전이 시작되었습니다. 이 나라 사람들은 '명예의 계율'을 엄격히 지키며 사는데 여기에는 손님 접대, 용기, 기사도, 인내, 자기 방어, 그리고 복수의 정신이 강조됩니다. 특히 '복수의 정신'은 끝없는 종족간의 불화를 낳고 있습니다.

7년 동안의 내전 끝에 1996년 이슬람 원리주의를 앞세운 탈레반족이 수도 카불을 점령했습니다. 이들은 그동안 제한적으로나마 허용되었던 여성의 교육, 노동, 여행에 대한 권리를 모두 박탈했습니다. 영화 상영과 컴퓨터 사용은 물론 종교음악을 제외한 어떤 음악도 들을 수 없고, 코란의 내용이 아니면 학교 교육도 금지했습니다. 여성은 신체의 어느

한 부위도 노출시키면 안 되기 때문에 머리끝에서 발끝까지 덮어쓰고 눈 부분만 망사 처리된 검은색 '부르카'를 입어야만 했습니다.

이들은 남편이 죽고 혼자가 된 여인이 다른 남자를 사랑하게 되었다고 해서 공개처형 장소에서 허리 아래를 잘라버리는, 도저히 용서할 수 없는 만행을 저질렀습니다. 그런데도 어떤 사람들은 이들의 인사가 평화를 뜻하는 '살람'이라면서 이들이 평화로운 종족이라며 옹호하고 나섭니다. 이슬람교는 평등의 종교라면서 종교적 신념과 인권 문제를 다르게 바라봐야 한다고 요구합니다. 서구적인 기준이 이슬람교인들과 여성들의 상황을 왜곡시키고 있다는 것입니다.

나는 절대로 그런 주장에 동의할 수 없습니다. 그리고 그렇게 말하는 이들의 의도를 의심하지 않을 수 없습니다. 종교는 인간의 가장 깊은 지혜와 사랑의 결과이며, 사회에서 저질러지는 인권 유린에 누구보다 앞장서서 대항해야 합니다. 불의에 시달리고 억압받는 이들을 보호해야 합니다. 그런데 종교가 오히려 더 인권을 무시하고 약자를 탄압한다면, 어찌 그것을 놓고 종교적인 신념과 인권은 다른 것이라고 주장할 수 있을까요?

인도의 이슬람 분리주의 지역인 잠무 카슈미르 지역에 사는 여성들은 청바지와 같은 서양 옷차림으로 다녔다가는 총이나 수류탄, 염산 등으로 공격을 받습니다. 탈레반 정권이 들어선 이후 아프가니스탄에서는 여성의 직장생활과 교육이 일체 금지돼 노동 인력의 40퍼센트를 차지했던 여성들은 이제 학교, 병원, 공공기관 등 어디에서도 볼 수 없게 되었습니다. 남자 친척이나 남편이 없는 여성들은 굶어 죽거나 거리에서 구

임종의 순간에 이르러 인간은 얼마나 소유했고 성공했는가가 아니라 얼마나 사랑했는가를 놓고 심판받는다.

걸을 해야만 합니다. 부르카를 입지 않으면 거리에서 남자들의 몽둥이 세례를 받습니다. 이것이 인권과는 상관없는 일이라면, 그렇다면 올바른 종교적 신념인가요?

미국 보스턴에 본부를 둔 인권의사회가 최근 공개한 중요한 보고서가 있습니다. 이 인권의사회가 카불에 거주하는 여성과 파키스탄에 난민으로 머물고 있는 아프가니스탄 여성들을 대상으로 실시한 인권 유린 실태 조사에 따르면 조사 대상의 70퍼센트가 지난 2년 간 건강이 많이 악화되었다고 대답했습니다. 그리고 아프가니스탄 전체 면적의 3분의 2를 장악한 탈레반 남자들의 여성 성희롱은 '매우 보편적인 현상'이라는 것입니다. 대부분의 조사 대상자들이 스트레스와 우울증을 호소했고, 80퍼센트는 정신 건강이 크게 나빠졌다고 대답했습니다.

또한 70퍼센트의 여성이 탈레반 종교경찰 또는 군대에 체포 구금된 적이 있으며, 그 주된 이유가 탈레반의 여성의상수칙을 지키지 않았기 때문이라는 것입니다. 인권의사회의 대표인 레너드 루벤스타인은 말하고 있습니다.

"탈레반 정권이 아프가니스탄에 평화를 회복

살아남은 자의 슬픔 229

시켰다는 주장은 우리 시대 최악의 아이러니이며, 그들은 아프가니스탄 여성들을 집에다 가두고 생존을 위협해왔다."

또 유럽연합 인권위원회 의장은 "아프가니스탄 여성들은 한 무리의 어리석은 남자들에게 지배당하고 있다. 탈레반은 여성들을 길거리의 걸인이나 폐인으로 내몰았다."고 질타했습니다. 하지만 아프가니스탄 정부 관리는 이렇게 반박했습니다.

"탈레반은 이슬람 율법에 따라 여성들을 존중하고 있다. 우리는 오히려 여성들을 성적인 대상으로부터 보호하기 위해 부르카를 입게 하는 것이다."

이런 터무니없는 주장에 동조하는 이들은 대체 어떤 사람들인가요? 여성에게 텐트처럼 생긴 검은색 부르카를 뒤집어 씌우고선 그것이 여성을 보호하기 위한 것이라고 억지를 씁니다. 그렇다면 왜 그 수칙을 어긴 여성은 돌로 때려 죽여도 된다고 법률에 명시해놓았을까요? 정말로 앞뒤가 맞지 않은 이야기입니다. 아프가니스탄은 법으로 성차별을 규정한 지구상의 유일한 국가입니다. 이것은 여성차별 정책일 뿐 아니라 여성말살 정책입니다. 엄마의 따뜻한 무릎에 누워 자랐으면서, 엄마인 여성을 말도 안 되는 이유로 체포하고, 감금하고, 희롱하고, 죽이는 것입니다.

아프가니스탄 출신으로 현재는 캐나다에 정착한 저널리스트 나파스는 아프가니스탄의 칸다하르에 살고 있는 여동생으로부터 20세기의 마지막 개기일식이 일어나는 날 자살하겠다는 편지를 받습니다. 그녀는 동생의 죽음을 막기 위해 즉시 아프가니스탄으로 돌아옵니다. 하지만 이란을 거쳐 칸다하르로 가는 여정은 쉽지가 않습니다. 이슬람 율법에 따라 부르카를 뒤집어 쓰고 동생을 구하기 위해 가는 여정에서 도둑과 굶주림과 전쟁이라는 복병을 만납니다.

그녀는 고향 칸다하르로 향하는 한 가족의 네번째 부인으로 위장해 여행길에 오릅니다. 그러나 강도를 만나 혼자 사막에 남겨지고, 이번에는 코란학교 퇴학생의 안내를 받아 다시 칸다하르로 향합니다. 도중에 우물물을 잘못 마셔 병에 걸린 나파스는 동네의 진료소를 찾아갔다가 무자헤딘 출신의 의사 사히드를 만나 도움을 받습니다. 나파스는 한 결혼식 행렬에 몸을 감춘 채 칸다하르를 향해 가지만 개기일식의 시간이 점점 다가옵니다.

이란 출신의 감독 모흐센 마흐말바프가 영화로 만든 이 〈칸다하르〉이야기는 부르카를 입은 아프가니스탄 여성들의 아름다움과 그 아름다움 속에 가려진 고통과 슬픔을 잔잔히 그려 보이고 있습니다. 이 영화는 2002년 부산 국제영화제에서 특별 초대작으로 상영되었습니다.

영화 속에서 한때는 사람을 죽이는 전사였지만 지금은 사람을 구하는 의사가 된 사히드는 환자들에게 약을 주는 것이 아니라 자신에게 배급된 빵을 나눠줍니다. 말라리아보다 굶주림이 더 크고 현실적인 고통이기 때문이지요. 실제로 마흐말바프 감독은 현장에서 영화 만들기를 잠시 중단하고 사람들에게 빵과 물을 나눠주었다고 합니다.

탈레반 정권이 아프가니스탄의 북부 바미얀에 있는 세계 최대 석불을 대포로 쏘아 파괴했을 때 전세계가 경악했습니다. 모든 문화인류학자들과 종교인들이 들고 일어나고, 모든 신문과 방송이 그것을 대대적으로 보도했습니다. 그것에 대해 마흐말바프 감독은 자신의 글에서 이렇게 말했습니다.

"바미얀의 석불은 파괴된 것이 아니라 부끄러움에 스스로 무너져내린 것이다."

석불의 파괴에 대해서는 그토록 항의하고 비난하면서도 아프가니스탄 안에서 죽어가는 사람들에겐 조금의 관심도 기울이지 않는 세상의 인정을 꼬집은 것입니다.

감독은 또 말합니다.

"당신이 부르카를 입고 있는 여성들을 볼 때, 외적으로는 미적인 조화로움이 존재한다. 그러나 그 안에서는, 다시 말해 부르카 안에서는 숨막혀 죽을 듯한 상황이 존재하고 있다. 그건 참으로 이상한 모순이다. 그녀들에겐 자신들의 신체적 아름다움을 보여줄 권리가 없다. 대신 의상의 아름다움을 이용하는 것이다."

영화 〈칸다하르〉에는 잊지 못할 장면이 몇 가지 있습니다. 적십자사가 운영하는 진료소에 도착한 나파스 일행은 의족을 구하기 위해 몰려든 사람들을 만납니다. 이들은 지뢰에 손과 발을 잃은 가난한 사람들입니다. 그들은 구호물품을 실은 비행기가 하늘에 나타나자 목발을 짚은 채 전력을 다해 사막을 질주하기 시작합니다. 이윽고 비행기에서 쏟아져내리는 것은 낙하산에 매달린 의수와 의족들입니다.

자신을 도와준 의사 사히드에게 나파스는 동생에게 들려줄 희망의 메시지를 전합니다.

"우리 모두 살아갈 이유가 필요합니다. 힘든 순간마다 희망은 그 이유가 됩니다. 물론 그건 아주 추상적이죠. 그러나 목마른 자들에게 그것은 물이고, 배고픈 자들에게 그것은 빵이고, 외로운 자들에게 그것은 사랑이고, 철저히 가려진 여자들에게 희망은 언젠가 자신의 존재를 보여주는 것입니다."

영화는 팔다리가 잘린 사람들, 코란을 암송하며 무기의 기능을 배우는 아이들, 사막에 버려진 시체들, 굶주림으로 허덕이는 사람들을 보여줍니다. 〈칸다하르〉의 맨 마지막 장면은 결혼식 무리에 섞여 칸다하르로 향하던 나파스가 부르카의 망사를 통해 사막의 저녁 노을을 바라보는 광경입니다. 마치 장송곡처럼 들리는 너무도 애절한 결혼식 축가와 함께.

마흐말바프 감독은 우리나라에서도 텔레비전으로 상영된 적이 있는, 역시 아프가니스탄 난민을 다룬 〈싸이클리스트〉를 만든 사람입니다. 그 영화를 보고 찾아온 여주인공 나파스 역의 닐루우파 파지라의 이야기를 듣고 〈칸다하르〉를 제작했다고 합니다.

최근에는 그가 대본을 쓰고 그의 아내 마르지예 메쉬키니가 감독한 〈내가 여자가 된 날〉이 개봉되었습니다. 이 작품 역시 사회의 편견과 그릇된 가치관에 희생되는 아랍 여성들의 이야기를 말보다는 더 많은 침묵으로, 화려한 색채보다는 더 많은 여백으로, 신랄한 비판보다는 더 많은 담담함으로 그려내고 있습니다. 아홉 살 생일을 맞은 소녀가 "나뭇가지의 그림자가 없어지면 집으로 돌아와야 한다."는 할머니의 엄명을 지키기 위해 수시로 모래바닥에 나뭇가지를 꽂아보는 모습, 바다와 사막 사이에 난 길을 따라 자전거를 타고 달리는 여자들의 검은 차도르가 만들어내는 검고 긴 행렬이 오래도록 잊혀지지 않는 영화입니다.

마흐말바프 감독은 1만 페이지가 넘는 자료를 뒤져가며 〈칸다하르〉를 촬영했는데, 자신이 수집한 자료들을 토대로 한 편의 글을 썼습니다. 그 글은 다음과 같이 시작하고 있습니다.
　"당신이 이 글을 주의깊게 읽는 데는 한 시간 정도가 걸릴 것이다. 바로 그 한 시간 동안, 아프가니스탄에서는 전쟁과 굶주림으로 인해 적어도 열네 명 정도가 죽을 것이다."

죽지 말아라, 아이들아

아프카니스탄에 가기 위해 우선 방콕으로 갔고, 방콕 공항에서 세 시간 정도 기다렸다가 파키스탄에 가서 하루 묵은 뒤, 유엔 비행기를 타고 아프카니스탄의 헤라트로 가는 여정입니다. 헤라트에는 여객기가 다니지 않으니까 유엔 비행기를 얻어 타려면 시간 조정을 잘해야 합니다.

하루만 보내려고 했던 파키스탄에서 우리는 이틀 밤을 더 자야 했습니다. 유엔 비행기를 타러 갔는데 갑자기 급한 일이 생겨 유엔 직원이 먼저 가야 하기 때문에 우리 일행은 며칠 뒤에나 가야 한다고 했습니다.

너무 실망해서 탑승자 체크하는 곳에 넋 놓고 쭈그리고 앉아 있는데, 경비행기에 실을 짐을 조사하던 백인 중 하나가 우릴 보고 뭐라고 진저리치는 시늉을 했습니다. 저 사람이 왜 저러냐고 물으니까, "너희, 개고기 먹는 나라지?"라고 했다는 것이었습니다.

나는 순간 너무 화가 나서, 그 말을 듣고 가만 있을 것이냐며 함께 간 일행을 닦달했습니다. '아니, 지금 우리 기분이 어떤데 유엔에서 일한다는 사람이 그런 말을 할 상황인지 아닌지 분별도 못하면서 이곳에서 일한단 말이냐'고 따지자고 했습니다.

일행 중 영어 잘하는 사람이 그 백인에게 말했습니다. 결국 우리는 그 못된 백인의 사과를 받고 전날 묵었던 호텔로 돌아올 수밖에 없었습니다.

이 나라는 자신들을 도우러 오는 여성들에게도 몸의 형태가 보이지 않게 넉넉한 옷을 입을 것과 머리에도 스카프나 모자를 쓰고 어찌됐건 살이 보이지 않게 할 것을 요구해서 옷에 신경이 쓰였는데, 또 이 파키스탄에서 이틀을 보내야 하니 기운 빠질 노릇입니다.

이슬라마바드는 날이 얼마나 더운지 꼼짝 못하고 호텔 안에 있어야 합니다. 우리가 묵는 호텔에서 10분 거리에 있는 외교관들이 다니는 교회에 누군가 수류탄을 던져 다섯 명이 죽고 40명이 부상한 사건이 일어났습니다. 이곳도 전쟁터입니다. 이 사건 때문에 긴장해서 그런지 이틀이 후딱 지나갔습니다. 그리고 12인승 비행기에 탈 수 있었습니다. 짐 검사하는 사람이 바뀌어서 그저께의 그 백인을 안 보게 돼 다행입니다. 이 경비행기는 바람에 흔들리며 흰눈을 이고 있는 힌두쿠시 산맥을 아슬아슬하게 넘고 있습니다.

힌두쿠시 산맥이 병풍처럼 둘러싼 나라 아프가

몇 날 며칠을 풀만 뜯어먹느라 입술은 물론 온 얼굴이 초록색으로 변한 소녀 미리암. 그러면서도 손에는 여전히 그 풀을 움켜쥐고 있다. 언제까지 이 소녀를 고통받게 해야 할까?

니스탄. 지금 우리가 가는 곳은 이 나라에서 두번째로 큰 도시인 헤라트입니다. 산악지대인 이 회색의 도시에는 전쟁을 피해 난민들이 모여 있습니다. 정말 이곳에 빈 라덴이 숨어 있다면 절대로 못 찾을 것 같습니다.

월드비전 아프가니스탄이 있는 곳은 돌산을 넘고 넘어 4년째 가뭄으로 말라버린 강바닥을 지나 열 시간이나 걸리는 곳에 있습니다. 서울에서 대전까지의 거리밖에 안 되는데 정식 도로가 없고 이들의 자동차격인 당나귀가 다니는 길로 간신히 가다가, 또 길이 너무 좁아지면 가뭄으로 다 말라 버린 강바닥으로 가기 때문에 차는 돌 튀듯 공중으로 오르락 내리락 했습니다.

열 시간을 오면서 나무 한 그루 없는 돌산, 그리고 구석구석에 마을을 이루어 살고 있는 사람들을 보았습니다. 1천5백 명 정도씩 마을을 이루고 있는데, 멀찍멀찍 떨어져 있어 한 마을이 몰살을 당해도 전혀 알 수 없을 것 같았습니다.

아직도 눈발이 날리고 있는데 이곳 쿠치마을 거의가 맨발인 아이들 투성이입니다. 신을 신었다 해도 고무로 만든 신발이 찢어지고 닳아서 발가락이 나와 있고, 물론 양말 같은 것은 없습니다. 발이 시린지 한쪽 발등에 다른쪽 발바닥을 번갈아 올려놓으며 햇빛이 내리쬐는 곳에 옹기종기 서 있습니다. 옷이란 옷은 모두 껴입었는데 더 이상 꿰맬 수 없이 누더기가 다 된 옷차림입니다. 바람 때문에 그런지 머리에는 다 해진 헝겊들을 둘러쓰거나 털실로 뜬 모자를 쓰고 있습니다.

이곳에 사는 사람들이 먹는 것은 야생시금치 같은 것으로, 비가 오지 않아도 자라는 독하디 독한 풀입니다. 먹을 게 없어서 그 풀을 하도 뜯어먹으니까 어른이나 아이나 입 주위가 퍼렇습니다. 풀물이 든 것입니다. 이 풀은 계속 먹으면 심장과 위에 치명적인 영향을 미치고, 나중에는 눈까지 멀게 하는 독초라고 합니다. 우리가 먹을 게 없어 쑥만 몇 달 동안 계속 먹는다고 생각하면 됩니다.

땔감을 구할 수 있으면 그 풀을 삶아서 독을 빼고 먹을 수 있지만, 그것도 안 되니까 생풀을 씹고 있습니다. 이곳에 일주일 안에 식량이 도착하지 않으면 이들은 죽을 수밖에 없다고 합니다. 이런 마을 사람들을 합치면 당장 15만 명 가까운 사람들이 생풀을 뜯어먹으며 초록색으로 물든 얼굴을 하고서 죽음을 눈앞에 두고 있습니다.

그동안 아프리카나 아시아의 못사는 나라들은 구호의 손길이 많았지만 이 나라는 완전히 사각 지대에 놓인 채로 신음하다가 그나마 미국이 빈 라덴을 추적하는 바람에 이곳에 힘없이 죽어가는 아이들이 너무도 많다는 것이 알려졌습니다.

나는 이 아이들을 보며 뉴욕의 세계무역센터 테러로 숨진 분들에겐 죄송하지만 여기 이곳에서 무수히 죽어가는 아이들을 살리라고 그런 일이 일어났나 하는 생각을 했습니다. 그런 테러 사건이 없었다면 세계 어디서도 아직까지 관심을 갖지 않았을 것입니다.

여기 아이들은 낯선 사람을 보면 자꾸 뒷걸음질치거나 숨곤 합니다. 그동안 여러 구호단체들이 다녀간 나라의 아이들과는 다릅니다. 외부인들을 처음 보기 때문입니다. 그래서 무서워 합니다. 오라고 손을 벌려도 담 뒤로 숨기 일쑤입니다. 가엽게도 풀을 한 움큼씩 들고서.

다섯 살짜리 소녀 미리암의 집에 가보았습니다. 여섯 식구가 지난 6개월 동안 풀만 먹고 살았다고 합니다. 아이들은 당연히 씻지도 않아서, 머리에 무엇을 두르지 않은 아이는 스프레이를 뿌린 것처럼 뻣뻣이 머리가 서있습니다. 그렇게 낯을 가리던 아이들도 어느 만큼의 시간이 지나니까 아주 조심조심 가까이 다가옵니다. 검고 큰 눈을 가진 아이들! 잘 씻겨놓으면 천사나 다름없이 예쁜 아이들! 왜 이런 아이들이 도처에서 고통받는 걸까요. 이곳 아이들도 태어나면 다섯 살이 되기도 전에 영양실조로 4분의 1이 죽는답니다.

그런데 영양실조인 아이들치곤 얼굴이 통통합니다. 다행이다 여겼는데, 구호센터에 가보니 얼굴만 그렇지 옷을 벗기면 아이들 다리가 비비꼬일 만큼 말라 있습니다. 그것도 영양실조의 또 다른 증상입니다. 구호센터에 온 아이들 중 대부분은 오랫동안 굶주린 상태로 있었기 때문에 살아난다 해도 뇌세포까지 영향을 미쳐 저능아가 될 가능성이 높다고 합니다.

이 마을에도 아이들 먹일 영양죽이 배급되지만 그것을 어른들도 같이 먹으니까 아이들이 한 달 먹을 것을 주면 일주일이면 바닥이 나버립니다. 이곳 사람들은 이제 탈레반이 쫓겨났으니 알라신의 가호로 비가 내릴 것이라고 합니다. 하지만 이들에게 신의 가호는 국제 구호단체들이 주는 식량 배급일 것입니다. 다행히 우리나라에서 모은 성금으로 산동네를 포함한 이곳 지역 15만 명에게 4월에서 6월 말까지 밀가루와 콩기름 등을 나누어줄 수 있게 되었습니다.

밤에는 구호단체의 막사에서 잤습니다. 문이 없어서 담요 같은 것을 쳐놓고, 출입할 때는 그걸 들추고 나오고 들어가고 했습니다. 잠도 침낭 속에서 자야 합니다. 전기가 없으니까 발전기를 돌려 저녁에 잠깐 불을 때주기 때문에 몹시 춥습니다. 그래서 양말을 신고 잤습니다. 밤에 소변이 보고 싶어 담요를 들추고 나가면 시멘트 바닥에 호롱불이 있고 아프가니스탄 남자가 내 방 앞에서 보초를 서고 있습니다. 이 남자는 밤새 이렇게 내 방을 지키고 있습니다. 너무 미안해 보초 서지 말라고 하고 싶었지만, 그 일을 그만두라고 하면 그 사람의 일을 뺏는 것이니까 미안해도 모른 척해야만 합니다.

낮에는 축축 늘어진 아이들을 안고 오는 엄마들에게 자리를 마련해주고 아이들에게 영양죽을 먹였습니다. 아이는 하루쯤 죽을 먹으면 고개를 가누고 기운을 차립니다. 울기도 하면서요. 아이들이 우는 게 나는 좋습니다. 기운이 없으면 울지도 못하니까요.

이곳에서 5일 있다가 우리는 또 그 험한 돌길을 열 시간을 달려 헤라트로 가야 합니다. 그동안 이 나라 말을 영어로 통역해주던 헤라트에서 대학 다니는 청년은 사람들이 먹을 게 없다고 사정할 때나, 우리가 뼈만 남은 아이들을 촬영할 때면 바지에 두 손을 찌르고 먼 산을 보고 서 있습니다. 나는 그 청년의 마음을 읽을 수 있습니다. 우리가 자신들의 못사는 모습만 촬영하는 것을 보며 얼마나 자존심이 상했을까요.

나는 소하힐이라는 이름의 그 청년에게 말했습니다.

"나도 당신의 심정을 알아요. 무척 속이 상하리라는 걸. 당신들에게도 빛나는 문화가 있는데 이런 거지 같은 모습만 찍어가는 게 너무나도 모멸감이 느껴질 거예요. 하지만 지금은 그런 걸 따질 때가 아녜요. 얼

땔감을 구할 수 있으면 저 풀을 삶아서 독을 빼고 먹을 수 있지만, 그것도 안 되니까 생풀을 씹고 있다. 맨발로 생풀을 뜯어먹으며 초록색으로 물든 얼굴을 한 채 죽음 앞에 앉아 있는 아이들.

른 당신 나라의 참상을 알려야 구호의 손길이 뻗칠 테고 당신들도 일어설 수 있어요. 우리도 경험해봐서 당신의 심정을 잘 알아요."

청년은 아무런 대꾸 없이 먼 산을 보던 시선을 발 아래로 떨어뜨렸을 뿐입니다.

돌아오는 차 안은 여전히 돌 때문에 이리 튀고 저리 튀고 했지만 햇빛을 받아 반사되는 돌산의 모습은 처음엔 느끼지 못했던 아름다움이 있었습니다. 해의 각도에 따라, 앞뒤 산의 높이에 따라 진한 잉크빛이 되었다가 연한 회색이 되었다가 부드러운 핑크빛으로도 변하는 걸 볼 수 있었습니다. 나무 한 그루 없는 돌산만의 아름다움을 느꼈습니다. 칸다하르의 여주인공이 입은 옷색깔들에 이 돌산의 색깔이 다 들어 있었습니다.

거리에서 부르카를 입은 여인들과 마주쳤습니다. 눈 근처만 바깥이 비치는 감을 대고 그냥 통자로 내려온 옷입니다. 그래도 자세히 살펴보면 그냥 통자가 아니라 가는 주름을 잡아 나름대로 이 제한된 디자인 안에서도 아름답게 만들려고 한 흔적이 엿보입니다. 부르카 속의 여인들은 어떤 표정을 하며 우리를 보고 있을까요.

끊임없는 전쟁을 치르고 있는 나라, 유서 깊은 실크로드의 나라, 엄청난 양의 석유가 매장되어 있어 강대국들이 호시탐탐 노리는 나라, 신비한 나라.

이곳에 전쟁과 굶주림만 없다면 얼마나 좋을까요.

이제 서울로 떠나기 위해 헤라트로 왔습니다. 돌아가는 노선은 좀 복잡합니다. 헤라트에서 칸다하르로, 파키스탄의 이슬라마바드로, 그곳에서 국내선을 타고 카라치로 가서 방콕엘 가야 합니다.

칸다하르에서 비행기가 20분을 쉰다고 했는데, 그렇게 되면 카라치행 국내선으로 갈아탈 시간이 너무 촉박합니다. 그 비행기를 놓치면 며칠이고 발이 묶일지도 모릅니다. 조종사에게 부탁했습니다.

"반드시 카라치행 일곱 시 비행기를 타야 하는데, 어떻게 하면 좋을까요? 좀 도와주세요."

조종사는 칸다하르에서 내릴 사람만 내려주고 곧바로 이륙했습니다. 너무 고마운 사람입니다.

그런데 한 시간 30분 동안의 비행을 하면서 조종사는 나를 위해 과속을 했습니다. 자동차로 치면 엄청난 속도 위반입니다. 게다가 비와 우박이 조종석을 후려치기 시작했습니다. 비행기는 그네를 타듯 흔들립니다.

나는 앞 의자 등받이를 잡고서 조종석 계기판 바늘이 움직이는 것을 보고 있습니다. 기내에 탄 여섯 명의 다른 사람들은 모두 초죽음이 되어 바닥을 내려다보며 기도를 하고 있습니다. 나는 이상하게도 죽음이 두렵지 않습니다. 죽어가는 아이들을 너무 많이 봐서 그런지 죽음이 특별한 일이 아닙니다. 오히려 살아 있는 것이 이상하게 느껴집니다.

무사히 착륙한 뒤, 조종사가 나를 보며 씽긋 웃습니다. 사람 좋은 웃음입니다. 나도 미소를 보냈습니다.

'그래도, 죽지 말아라, 아이들아! 죽음이 아무것도 아닐지라도 죽지 말고 살아 있어다오. 너희들의 까만 눈이 영원히 감긴다고 생각하면 내 가슴이 무너진다. 그 생각만으로도 내 얼굴에 눈물이 흐른다.'

난민으로 살아가는 사람들

지구에는 수많은 종족과 인종들이 살고 있습니다. 피부색과 언어, 종교, 출생지에 따라 종족이 구분됩니다. 그들은 각기 다른 문화와 풍습을 갖고 살아갑니다.

그런데 세상에는 이들과 다른 또 하나의 종족이 있습니다. 그들은 약자들로만 이루어진, 20세기의 전쟁과 편견이 낳은 새로운 종족입니다. 그들은 다름 아닌 '난민'들입니다. 전쟁과 내전, 독재, 굶주림 등을 피해 조국을 떠나 지구촌 곳곳을 방랑하는 전세계 난민의 80퍼센트가 여성과 어린이라는 사실을 알고 계시는지요?

전쟁, 내전, 독재, 굶주림, 자연재해 등으로 도저히 살 수 없는 고향과 조국을 떠나 헐벗고 굶주린 채 정처없이 떠도는 난민 숫자가 무려 2100만 명을 넘습니다. 가장 규모가 큰 난민은 팔레스타인인들로 중국과 북아프리카에 320만 명이 흩어져 살고 있습니다. 오랫동안 내전에 시달려온 아프가니스탄은 인구의 10퍼센트인 270만 명이 국경을 넘어 파키스탄과 유럽으로 피신했습니다.

영국 영화 〈이 세상에서〉가 지난해 베를린 영화제에서 최우수 작품상을 탔습니다. 두 명의 아프가니스탄 난민을 다룬 이 영화는 전쟁으로 피폐해진 조국을 떠나 버스와 트럭, 그리고 배를 타고 유럽으로 향하는 두 젊은이의 힘겨운 여정을 세미다큐멘터리 형식으로 그리고 있습니다.

유엔난민고등판무관실의 보고에 따르면 중국 대륙을 떠도는 탈북자들은 5만 명으로 추산되고 있습니다. 중국 정부는 그동안 이들에 대해 방관해왔으나 점차 국경 수비를 강화하기 시작했습니다. 이들이 엄연히 유엔이 정한 난민의 지위를 보장받는데도 불구하고 중국의 공식 입장은 이들이 식량을 구하기 위해 일시적으로 넘어온 불법 월경자라는 것입니다. 물론 북한 정부를 의식한 태도입니다. 이에 대해 한국 정부는 아무런 일도 하지 않고 있습니다.

중국은 유엔난민협약 서명국임에도 불구하고 북한과 탈북자 송환 협정을 체결했으며, 1999년부터 탈북자를 '식량 유민'으로 규정, 마구잡이로 강제 송환하고 있습니다. 작년 한 해 송환자만 6천 명이 넘으며, 이들 대부분이 수용소에 수감되는 처벌을 받는 것으로 알려져 있습니다. 게다가 중국에는 단 한 곳의 난민수용소도 없다고 합니다. 탈북자들의 비참한 탈주가 계속될 수밖에 없습니다.

유엔난민고등판무관실이 집계한 지구상의 '공식 난민'은 1100만 명이지만, 안전을 희구하며 조국을 떠난 '사실상의 난민'은 2145만 명이라고 합니다. 눈앞에 닥친 당장의 위협을 피해 달아난 이 난민들은 굶주림과 전염병, 폭력과 절망이라는 새로운 적과 맞서야 합니다. 국제 사회의 도움도 턱없이 부족합니다. 난민은 어딜 가나 죽음을 무릅써야 합니

손은 서로를 밀어낼 수도 있지만 두 사람을 묶을 수도 있다. 손은 주먹으로 변하기도 하지만, 고통에 처했을 때 서로를 위해 내밀어줄 수 있다.

다. 아프리카 지역에 있는 난민촌에서는 강간으로 인해 에이즈 확산이 점점 속도를 더해가고 있습니다.

유엔 에이즈 담당 기구에서 일하는 아프리카 직원 르웨게라는 "강간이 널리 자행되고 있으며 사람들은 이미 사회적인 도덕이나 관습에 따른 생활을 유지하고 있지 않다."고 지적했습니다.

그는 또 "난민 캠프에 있는 사람들 가운데에는 많게는 95퍼센트가 여성과 아이들인데 이런 속에서 군인들과 기타 남성들에 의해 강간이 유행하고 있다."고 말했습니다.

4만 명의 소말리아 난민들이 생활하는 케냐의 난민촌 역시 여성들에게는 피난처가 될 수 없습니다. 여성과 아이들은 예외없이 감자 줍기에 동원되고 있으며, 강도와 강간범들이 들끓어 난민촌 밖으로 외출하려면 유엔난민고등판무관실에 보호포기각서를 제출해야 합니다.

아동구호기관인 〈세이브 더 칠드런〉이 발표한 보고서에 따르면 각종 전쟁으로 집을 떠나 피난길을 전전하는 전세계 어린이 전쟁 난민이 무려 1천3백만 명에 달하고 있습니다. 아프리카 앙골라에는 30년 간 계속된 내전으로 1백만 명의 어린이들이 집을 잃고 폭탄과 지뢰, 질병에 방치되어 있으며, 불교 국가 스리랑카에도 25만 명의 어린이 난민이 떠돌고 있다고 합니다. 이 보고서의 제목은 〈전쟁이 우리를 여기로 몰아냈어요〉입니다.

1천3백만 명에 달하는 어린이 전쟁 난민의 평균 피난 기간은 6년이나 돼 많은 어린이들이 삶의 가장 중요한 시기인 어린 시절을 떠돌이 생활로 전전하며 보내고 있는 것을 알 수 있습니다. 시에라리온에서는 수천 명의 어린이가 학살되거나 팔다리가 잘리는 참상을 겪었으며, 콜롬비아에서도 참혹한 어린이 학살이 저질러진 것으로 발표되었습니다. 또한 많은 나라에서 아이들이 전쟁터에 나설 것을 강요당하고 있습니다.

유엔난민고등판무관실은 2002년의 토의 주제를 '여성 난민'으로 정했습니다. 루드 루버스 고등판무관은 "어느 난민 사회에서든 여성들이 생계를 꾸려나가고 있다."고 말하면서 난민촌 여성과 아이들은 인신매매와 강간, 집단 학살의 대상이 되고 있다고 경고했습니다.

파키스탄과 이란 등지에 흩어진 아프가니스탄 여성과 어린이 난민들은 구두닦이와 카펫 짜기, 유리가공 공장 등에서의 중노동에 시달리고 있습니다. 여기서 벌어들인 일당으로 온 가족이 연명하는 경우가 대부분입니다. 하지만 성인 남성에 비해 상대적으로 지뢰 등에 대한 경각심이 부족한 이들은 고향으로 돌아가는 길목에 묻혀 있는 대인지뢰에 희생되는 경우가 비일비재합니다.

2000년 서울평화상을 수상한 유엔난민고등판무관 오가타 사다코는 수상 소감 연설에서 이렇게 말했습니다.

"오늘날 많은 전쟁은 대립하는 종교적 인종적 단체들 상호간의 긴장

관계에 깊이 뿌리 박고 있으며, 선량한 민간인을 의도적으로 목표로 삼는 경우도 허다합니다. 난민들의 목숨을 구하고 그들을 보호하고 그들의 고통에 대한 해결책을 모색하는 것은 우리 전 지구인의 목표입니다."

오가타 사다코의 말대로 난민은 수많은 선을 넘는 사람들입니다. 무엇보다도 그들은 국경을 넘어 탈출함으로써 난민이 됩니다. 그리고 이어서 닥치는 질병과 굶주림, 폭력과 멸시의 선까지도 넘어야 합니다. 그 선들은 우리 모두가 그어놓은 잔인한 선들입니다. 그리고 그 선들을 없애야 할 사람들도 바로 우리들입니다.

난민이 된다는 것은 배가 고프며, 옷과 덮을 것이 없고, 누워서 잘 자리가 없고, 병들었으나 치료받을 수 없고, 배울 수 없고, 어떤 직업도 가질 수 없음을 뜻합니다. 또한 적들의 공격 앞에 속수무책이고, 부당한 대우를 받고, 사회로부터 소외당함을 뜻합니다. 인류 역사상 유례 없이 세계가 부유해지고, 먼 거리가 하나로 연결되고, 기술이 최고로 발달해 인간의 삶의 조건이 최고로 좋아진 세상이지만 수천만 난민들의 처절한 고통은 이 시간에도 계속되고 있습니다. 그것을 해결하는 유일한 방법은 바로 '나눔'입니다. 내가 가진 것을 조금만이라도 나누는 것입니다.

이 책에서 나는 많은 숫자들을 나열했습니다. 어떤 분들은 이 숫자들이 지루하게 여겨지실지도 모릅니다. 고통받는 사람들을 직접 눈으로 보여줄 수 없으니까, 길을 헤매며 굶주리는 아이들의 눈동자와 얼굴을 다 표현할 수 없으니까, 너무 답답해서 연기자인 내가 이렇게 끝없이 숫자를 열거하는 것입니다.

하지만 이들을 숫자로 읽어서는 안 됩니다. 그들은 우리와 하나도 다를 바 없는 고귀한 인간 존재이니까요. 그들 역시 사랑과 행복과 평화를 추구하는 사람들이니까요. 《달라이 라마의 행복론》이란 책을 보면 첫 구절에서 달라이 라마는 말하고 있습니다.

"삶의 목표는 행복에 있습니다. 그것은 분명한 사실입니다. 종교를 믿든 안 믿든, 또는 어떤 종교를 믿든, 우리 모두는 삶에서 더 나은 것을 추구하고 있습니다. 따라서 나는 삶의 모든 행위가 행복을 향하고 있다고 믿습니다."

그렇습니다. 내가 전세계를 돌며 만나본 이 아이들과 여인들 역시 눈동자 속에는 행복에의 갈망이 어려 있었습니다. 삶에서 더 나은 것을 추구하고 있었습니다. 그들의 눈동자 속에 있는 것을 읽어야지, 그들을 숫자로 읽어서는 결코 안 됩니다. 그렇게 되면 이 책을 쓴 나는 더 슬퍼질 겁니다.

〈전원일기〉와 나

　내 연기자로서의 삶에서 〈전원일기〉를 빼놓을 순 없을 것입니다. 22년이란 세월도 그렇지만, 내가 한국의 여인상, 또 어머니상이란 얘기를 들은 것도 〈전원일기〉 때문입니다. 〈전원일기〉는 2주에 한 번씩 녹화를 했습니다. 그래서 다행히 〈전원일기〉를 하면서도 마음에 드는 다른 드라마에도 출연할 수 있었습니다. 기억 나는 작품으로는 〈여자는 무엇으로 사는가〉〈모래성〉〈겨울 안개〉〈사랑이 뭐길래〉〈엄마의 바다〉〈장미와 콩나물〉 그리고 영화 〈만추〉〈마요네즈〉가 있습니다. 연극은 〈19 그리고 80〉과 〈셜리 발렌타인〉을 〈전원일기〉를 하면서 출연했습니다.
　〈전원일기〉 초창기에는 엄마 연기하는 것에 몰두하느라 다른 드라마는 할 엄두를 내지 못했었습니다. 흔히들 기자들이 기사를 쓸 때 농촌 드라마 〈전원일기〉라고 시작하는데, 나는 그것이 마음에 들지 않습니다. 이 드라마는 농촌을 무대로 했을 뿐이지 결코 농촌 드라마가 아닙니다. 우리가 잃어버린, 그래서 그리워하는 인간의 심성을 다룬 휴먼 드라

소망만으로 얻을 수 있는 것은 극히 적다. 우리가 원하는 것은 무엇이든 행동으로써 얻어야 한다.

마입니다. 나는 이 드라마를 하면서 사람 사는 도리와 인간다움을 배웠으며, 어떻게 사는 것이 지혜롭게 사는 일이며, 어떻게 사는 것이 아름다운 삶인가를 배웠습니다.

그것은 나뿐만 아니라 많은 이들에게 교과서 같은 드라마였습니다. 한 회에 한 편의 이야기로 끝이 나지만 보는 이의 가슴을 흔들었습니다. 재미있어서, 가슴이 찡해서, 입싸고 욕 잘하는, 그리고 은근히 회장님을 좋아하는 일용 엄마의 주책이 귀여워서, 그리고 마을에 무슨 일이 일어날 때 가만히 계시던 회장님의 한마디가 너무 옳아서…….

시어머니 모시고, 남편 섬기고, 자식 시중 들고, 며느리 거느리고 살면서도 어디다 자기의 가슴을 열어보이지 못하는 어머니가 아주 가끔 속상할 때면 광에 앉아 남편이 먹다 남긴 소주를 마시며 넋두리하는 것이 가여워서……. 저것이 우리나라 여자들의 삶이구나 싶어서.

큰아들은 시인이 되고 싶었던 사람이지만 지금은 만년 군청 과장입니다. 그래서 코스모스 한들거리는 시골길을 자전거를 타고 출퇴근하는 그 시간을 좋아하는 사람입니다.

둘째는 아버지의 뒤를 이어 농사를 짓는데, 정직하고 땅을 사랑하지만, 가끔은 농사짓는 사람으로서 비애와 설움을 이기지 못해 서울 가서 막노동이라도 할까 생각하는, 하지만 생각뿐인 농부입니다.

큰며느리는 남편을 사랑해 서울의 좋은 대학을 나오고도 이 집에 시집 와 가끔은 자신의 열정이 옳았던가 생각하지만 집안을 평화롭게 만드는 지혜로운 여성입니다. 둘째며느리는 이기적이고 얌체이지만 할머니의 사랑을 듬뿍 받는 미워할 수 없는 며느리입니다.

다섯 살 때 길에서 떠돌던 아이 금동이를 데려다 호적에 올리고 막내 아들 삼아서 사는 김회장댁, 일용 엄마, 일용이, 일용이 색시, 그 집 딸 복길이, 동네 할아버지들과 청년들, 아줌마들, 쌍봉댁.

그리고 우리 삼월이. 드라마가 잘 되려면 강아지도 한 몫 한다는 말이 나올 정도로 똥개 삼월이는 세트장에서 담도 없고 대문도 없는데 회장 댁 마당 밖으로는 나가지 않고, 회장댁 식구가 아닌 다른 사람이 마당에 들어오면 짖기까지 했습니다.

참으로 화제 만발의 드라마였습니다. 국회의원들이 아침에 모이면 전 날 밤 화요일 저녁 여덟 시에 방송 나간 〈전원일기〉 이야기로 대화를 시작한다고 했고, 드라마에서 식사 때 돼지고기를 먹으면 그 이튿날 아 침에 돼지고기가 불티나듯 팔렸습니다. 미국에 사는 어느 교포는 미국 여자가 며느리로 들어왔는데, 〈전원일기〉 녹화테이프로 한국의 예절을 공부시킨다며 일부러 파란 눈의 며느리를 데리고 녹화날 스튜디오로 찾 아와 할머니, 아버지, 어머니 앉으시라 하고는 큰절을 올리게 한 적도 있습니다.

이 드라마는 해외에 있는 교포들에게 조국에 대한 향수를 달래주는 드라마였고, 시청자들에게 저렇게 사는 것이 사람답게 사는 것이구나라 는, 저렇게 정답게 살고 싶다는 감정을 일깨워주었습니다. MBC를 드라 마 왕국으로 만드는 데 큰 역할을 한 작품이었습니다.

드라마가 시작되고 10년 동안 나는 정말 자부심을 갖고 어머니 역을 연기했습니다. 김회장 댁에 처음 전화 놓던 날, 친정이 없는 이 엄마는 식구들이 다 잠들었을 때 이불 속에서 돌아가신 친정 엄마에게 전화를 거는, 참으로 비현실적인 연기를 해야 했습니다. 하지만 나는 연출자에게 부탁해 꼭 필요한 스탭 말고는 다 나가게 하고 정말 그 심정이 되어 연기했고, 방송이 나가고 한참 동안 좋은 얘기를 많이 들었습니다.

며느리가 이 집 식구된 지 오래 됐으니까 어머니가 곳간 열쇠를 물려주는 이야기를 다룬, 2부에 걸쳐 방송된 '곳간 열쇠'는 당시 정치 상황에서 시사하는 바가 컸습니다. 권좌에서 내려올 때를 아는 어머니, 하지만 섭섭함을 감출 수 없는 어머니의 마음을 나는 혼신을 다해 연기했습니다. 그 방송을 보고 대학생이었던 사람이 김혜자와 드라마를 하고 싶어서 연출자가 된 경우도 있습니다.

이 드라마는 특별히 누가 주인공이랄 수 없었습니다. 그때그때 이야기의 중심이 되는 사람이 주인공이었습니다. 말하자면 출연 인물 전부가 다 주인공인 드라마였습니다. 실제의 삶도 그렇지 않은가요. 각자가 다 자기 삶의 주인공이 아닌가요.

하지만 방송 10년이 넘으면서부터 문제가 생기기 시작했습니다. 작가가 더 이상 쓸 소재가 없다고 집필을 거부했습니다. 이제는 더 이상 얘기를 만들 수 없다는 것이 이유였습니다. 우리는 충분히 이해했습니다. 연습할 때부터 슬퍼서 울고, 재미있어서 웃고, 정말 옳은 얘기라고 고개를 끄덕이게 되는 그런 내용을 끝없이 창조해내라고 요구할 순 없는 일이었습니다.

지금 와서 생각하면 그때 다 같이 그만두었어야 했습니다. 그때부터 〈전원일기〉는 갈짓자 걸음을 걷기 시작했습니다. 그래도 부자가 망해도 3년은 간다고 그럭저럭 3,4년은 버텼지만, 작가가 수없이 바뀌고 그

때마다 인물들의 성격이 오락가락했습니다. 나는 대본을 받으면 10년 동안 연기해온 엄마의 말투로 대사를 바꾸는 일부터 해야 했습니다. 그렇지만 그것도 한계가 있었습니다.

특히 아버지 어머니가 문제였습니다. 과묵하던 아버지는 하나마나한 얘기나 하는 사람이 되었고, 지혜롭던 어머니는 온갖 동네 참견을 하는 수다쟁이가 돼버렸습니다. 대사를 수정하는 것도 한계가 있어 아버지나 엄마가 주축이 되는 내용이면 힘들기 짝이 없었습니다. 이야기 전체를 다시 쓰기 전에는 어떻게 해볼 도리가 없었던 적도 있었습니다. 결국 대사 연습 시간은 여기저기를 다시 손봐야 되는 것을 토론하는 재미없는 시간으로 바뀌었습니다.

아버지 어머니의 성격이 가장 많이 바뀌어서 불평이 많을 수밖에 없었습니다. 결국 아버지는 말없이 주판이나 튕기고 수돗가에서 낫이나 갈고, 어머니는 툇마루에 앉아서 식구들의 드나듦을 간섭하는 일밖엔 할 것이 없었습니다. 처음 방송할 때의 따뜻하고 정감 넘치던 인물들은 점점 도시 어디서나 볼 수 있는 이기적이고 속된 인물들로 퇴색해가고 있었습니다.

방영 20년이 가까워오면서부터는 이렇게 방송을 질질 끌고 가는 것은 처음의 감동을 하루하루 부숴버리는 것 같은 느낌이 들어 견딜 수가 없었습니다. 나는 흰머리 가발을 쓰고서 우두커니 앉아 있는, 전혀 창조적인 연기가 필요하지 않은 박제된 인형이었습니다. 옛날의 지혜롭던 어머니는 간 곳 없고, 며느리들과 말다툼이나 하는 그런 엄마로 변해 있었습니다.

당신이 가진 것을 줄 때 그것은 주는 것이 아니다. 진정으로 주는 것은 당신이 당신 자신을 줄 때이다.

밤새워 어떤 인물을 창조해내고 숨소리조차 조절해가며 연기하던 나의 열정을 이렇게 낭비해버리는 것은 연기자로서는 죽은 것이나 마찬가지였습니다.

나는 정말 그만 하고 싶다고 방송국에 여러 번 얘기했습니다. 갑자기 못사는 막내딸 집에 가다가 교통사고로 죽는 걸로 해달라고 부탁하기까지 했습니다. 그렇게 엄마가 허무하게 죽으면 인생의 허무함에 대해 할 얘기들이 있을 것이고, 아버지가 혼자 처량하게 앉아 있는 모습, 또 재혼 문제 등 많은 이야깃거리가 생길 것이라고 내 생각을 말했습니다. 나는 그렇게 몇 해 동안 부탁하고 또 부탁했습니다. 나를 그만〈전원일기〉에서 빼달라고.

그러는 동안 방송 시간은 수요일이 됐다가 일요일이 됐다가, 아침 열한 시가 됐다가 아홉 시가 됐다가 오락가락했습니다. 그야말로〈전원일기〉는 천덕꾸러기가 되었습니다. 녹화 장소도 시골이 점점 도시화되는 바람에 시골다운 장소를 찾아 멀리 청주까지 가서 동네 지나가는 장면을 찍고 온 적도 있습니다. 사람들은 나를 만나면 이렇게 말하곤 했습니다.

"〈전원일기〉참 좋아요. 그런데 요즘엔 무슨 요일에 방송하죠?"

마침내 나는 더 이상〈전원일기〉에 출연하지 않겠다고 선언했습니다. 그동안 함께 출연했던 다른 연기자들에게는 실로 미안한 마음을 감출 길 없었지만, 단 한 번의 작품에 출연할지라도, 아니 그런 기회가 다신 오지 않을지라도, 흰 가발을 뒤집어 쓰고 거기 그렇게 바보처럼 앉아 있긴 싫었습니다.

국내 최장수 프로그램이라는 기록을 세우며 22년 동안 계속돼온 〈전원일기〉는 2002년 12월 1088회를 끝으로 막을 내렸습니다. 지금도 가끔 택시를 타면 〈전원일기〉 끝나니까 재미가 없다고 하시는 기사분들이 많습니다. 거기 나오는 얼굴들 보면 반가운데……. 그렇습니다, 사람들은 〈전원일기〉 내용을 보는 게 아니라 정든 사람들 보는 재미로 그 드라마를 사랑하셨던 겁니다. 하지만 널리 이해해주시길 바랍니다. 연기자는 그 자리에서 그냥 주저앉아 있는 것이 참으로 괴롭다는 것을. 그냥 흰 가발만 쓰고 앉아 있어도 출연료 받으니까 참 편할 것이라고 생각하겠지만, 그것은 죽어 있는 것이나 마찬가지라는 것을.

시작이 있으면 끝이 있습니다. 어느덧 나의 대표작이 되어버린 〈전원일기〉는 그렇게 끝이 났습니다. 모든 다른 드라마가 그렇듯이. 그리고 이 인생이라는 드라마가 그렇듯이.

사람들은 내게 묻습니다.

"아프리카와 아시아의 가난한 아이들 찾아가는 일은 언제까지 할 건가요? 몇 년 채우고 그만둘 건가요?"

그러면 나는 대답합니다.

"그 일은 내 생명이 다할 때까지 할 거예요. 왜냐하면 그건 드라마가 아니니까요. 드라마가 아니라 실제로 아이들이 죽어가고 있으니까요."

익숙한 몸짓으로 살고 싶지 않다

내가 배우가 되겠다고 했을 때 나의 아버지는, 위대한 배우는 대문호 톨스토이가 세상에 많은 영향을 미쳤듯 그에 못지 않은 영향력이 있다고 말씀해주셨습니다. 그리고 무엇보다 중요한 것은 배우가 되려면 공부를 많이 해야 한다고 하셨습니다. 내 나이 스물한 살 때입니다. 15년 동안 일본과 미국에서 고학으로 경제학 박사학위를 받고 돌아오셔서 보사부차관까지 지낸 아버지의 셋째딸인 내가, 아버지의 말씀대로 그런 배우가 되었는지는 의문입니다. 그런 배우가 되고자 나의 모든 것을 바치기는 했지만.

나는 어렸을 때부터 영화 보기를 좋아했고, 마음속에 늘 배우로서의 꿈을 키웠습니다. 〈누구를 위하여 종은 울리나〉〈제3의 사나이〉〈내일이면 늦으리〉〈에덴의 동쪽〉〈성처녀〉〈아모레 미오〉〈형사〉〈쿠오바디스〉〈목로주점〉〈안네의 일기〉〈젤소미나〉〈나의 청춘 마리안느〉 등을 보면서 내 자신이 그 영화들의 주인공이 되는 상상을 하곤 했습니다.

하지만 내가 다닌 중,고등학교는 그런 꿈을 꾸기에는 좀 답답한 학교였습니다. 그럼에도 불구하고 무척 내성적이던 나는 배우가 되고 싶은 열망이 목까지 차올라 있었습니다. 아무리 눌러도, 뚜껑을 덮어도 넘쳐 나오는 것을 막을 순 없어, 나는 결국 배우가 되었습니다. 탤런트 시험을 보았고 배우가 되는 첫 걸음을 내디뎠습니다. 대학 2학년 겨울방학 때의 일입니다. 6개월 연수를 받고 첫 출연을 했습니다. 계모와 갈등하는 여대생으로, 주인공 역이었습니다.

나는 지난 일들을 대개 잘 잊어버리는데, 생의 어떤 부분은 아주 생생히 기억합니다. 나는 그 드라마에서 인형처럼 손끝 하나 움직이지도 못하고서 외운 대사만 잊지 않으려고 했던 기억밖에 없습니다. 한 친구가 그 드라마를 보며 자기 손에 땀이 흥건하게 고였다는 편지를 보내왔습니다. 나는 절망했습니다. 너무나도 내 자신이 미웠습니다. 나는 그 작품 하나로 연기를 접었습니다. 열망만 가득했지, 배우가 되기 위한 기초가 전혀 없었던 겁니다. 21년 동안 키워왔던 꿈이 산산조각나고, 나는 틀렸다고 생각했습니다. 주위에선 "처음엔 다 그렇지." 하고 위로했지만 나는 부끄러워 더이상 그 근처에 있을 수가 없었습니다.

그래서 결혼을 했습니다. 그 좌절감에서 헤어나오기 위해서였죠. 그리고 아기를 낳고 아기에게 반해버렸습니다. 조그맣고 보송보송한 얼굴, 쌍꺼풀이 없는 눈……. 얼마나 그 눈에 뽀뽀했는지! 그리고 조그맣지만 완전한 모양을 갖춘 귀, 조그만 손톱. 어떤 때는 아기가 잘 때 목 근처 핏줄이 팔딱팔딱 뛰는 것을 보고 앉아서 '저 뛰는 것이 멈추면 어쩌나' 하는 방정맞은 생각을 하기도 했습니다. 아이 목욕시키는 연습을 아버지가 사다주신 아기 크기만 한 인형으로 많이 했기 때문에 나는 시어머니로부터 "넌 어쩜 그렇게 아기를 잘 다루느냐."는 칭찬을 들었습니다. "네 젖은 참젖이다."는 말씀도 들었구요. 아기는 정말 창조주의 신비입니다. 나는 외출도 안 하고 아기만을 들여다보며 살았습니다.

"아기가 너무 예쁘네!"

그 소리가 듣고 싶어 예쁜 원피스에 하이힐을 신고 아기를 업고 사람 많은 시장엘 가곤 했습니다. 업은 아기를 보며 사람들이 "아이구 예뻐. 크면 남자 꽤나 울리겠네." 하고 말하면 나는 "아니에요, 얘 남자아이에요." 하고 말했습니다. 그 소리가 하고 싶어 거의 매일 애를 업고 다녔습니다.

4년은 쏜살같이 갔습니다. 네 살, 다섯 살이 되니까 아이에게도 친구가 생기고 나는 심심해졌습니다. 내가 꿈꾸었던 배우는 어디로 가버린 걸까, 이렇게 사는 게 전부란 말인가 하는 생각에 하루가 느리게 흘러가기 시작했습니다. 그즈음 우연히 연극하는 고등학교 선배를 만나 연극을 시작하게 되었습니다.

그때가 스물여섯 살이었습니다. 나는 이제 연극에 미치기 시작했습니다. 〈유다여 닭이 울기 전에〉〈토끼와 포수〉〈사할린스크의 하늘과 땅〉 등의 연극에 출연했습니다. 〈토끼와 포수〉로 한국일보에서 주는 연극 신인상을 타기도 했습니다. 나는 늘 혼자 놀았기 때문에 내가 후보이고 어디서 시상을 하는지조차 몰랐습니다. 집에서 텔레비전을 보고 있는데 신인상 부문에 '김혜자'를 호명하는 것이었습니다. 나는 또 다른 김혜자가 있나 생각하며 무심히 보았습니다. 그런데 나였습니다.

나는 무엇에 몰두하면 옆에서 굿을 해도 모릅니다. 그래서 자기밖에 모른다는 소리를 많이 듣습니다. 연극을 한다는 것이 너무나도 흥미진진해서 신세계를 사는 것 같았습니다. 그래서 텔레비전 드라마에는 나의 청춘물이 없습니다. 스물여섯 살에 시작한 연극을 스물아홉 살에 둘째를 갖고서 입덧이 심해 딸기만을 먹으면서도 했습니다. 그것이 〈유다여 닭이 울기 전에〉입니다. 이 4년 동안 나는 연극에 미쳤고 비로소 연기에 눈을 떴습니다. 어느덧 나는 연극계의 스타였습니다. 그 무렵 문화방송이 생기면서 나를 스카웃했습니다. 그러니까 텔레비전은 서른 살부터 정식으로 시작한 것입니다. 텔레비전 드라마라는 또 다른 세계였습니다. 나는 금방 그 세계에 매료됐고 연극을 그만두었습니다.

한꺼번에 두 가지를 나는 못합니다. 그뒤 18년 만에 한 연극 〈19 그리고 80〉으로 동아연극상을 탔고, 마흔 살 무렵에 출연했던 〈만추〉라는 영화로 마닐라국제영화제 여우주연상을 탔습니다. 그리고 1998년에 출연한 〈마요네즈〉는 인도국제영화제에서 작품상을 받았습니다.

텔레비전 출연으로 받은 상은 너무 많아 다 쓸 수 없습니다. 어느 해 〈모래성〉〈겨울 안개〉라는 미니 시리즈를 한 달 간격으로 출연했던 적도 있습니다. 있을 수 없는 일입니다. 하지만 너무 집요한 설득에 무리를 했습니다. 〈모래성〉을 끝내고 한 달 만에 〈겨울 안개〉에 출연하는 것은 배우로서는 대단한 모험입니다. 〈모래성〉에서의 박수마저 잃을 수 있으니까요. 나는 그래서 더욱더 〈겨울 안개〉의 여자가 되어야 했습니다. 사랑하고 믿었던 남편의 배신을 끝내 용서하지 않고, 아니 못하고 홀로서기를 시작한 여인에서, 불과 한 달 사이에 이제 남편과 오손도손 가난하지만 행복하게 살고, 두 남매도 착하고, 그렇게 소원하던 내 집도

자비심은 인간의 생존에 가장 기초가 되며, 그것 때문에 인간의 삶은 진정한 가치를 갖는다. 자비심이 없다면 삶의 기초가 없는 것과 같다.(사진 Steve Mccurry)

가진 여자가 어느 날 암 선고를 받고 신에게 원망을 퍼붓고 왜 하필 나인가 너무 불공평하다고 부르짖는 여자가 되어야 했습니다.

나는 이 여자가 되어서 언제나 새벽 네 시쯤까지 대사 사이사이에 숨어 있는 그 여자의 마음을 알아내야 했습니다. 그러던 어느 날 밤 세 시쯤, 지금도 분명히 기억합니다. 그 여자를 생각하며 턱을 괴고 앉아 있는데 갑자기 앞이 훤히 밝아지며 끝없이 끝없이 펼쳐진 널따란 길에 강렬한 빛이 끝간 데 없이 비추고 있었습니다. 그리고 순간 난 모든 것을 알아버린 것을 알았습니다. 난 이제 모르는 것이 없다는 느낌! 이걸 어찌 표현해야 할지. 난 이제 완성됐다는 느낌을 받았던 적이 있습니다. 그때 느꼈던 온몸이 허공으로 붕 뜨는 것 같은 그 기쁨, 환희를 나는 잊지 못합니다. 그런 순간은 평생 한 번만 오는 것인지!

미니 시리즈는 둘 다 성공했습니다. 백상예술대상에서 텔레비전 부문을 탔고, 텔레비전 영화 연극 중에서 한 편의 작품을 뽑아 대상을 주는데 연기로 그 대상을 타기도 했습니다. 자랑을 하려는 게 아니고 나는 정말 그 인물 속의 여자로만 존재했습니다. 언제나 내가 맡은 여자로 살았습니다. 하루 내내, 잠을 자면서도 이 여자는 무엇을 사랑하는 여자인가, 혼자 있을 땐 무얼 하나, 대본 속의 대사를 하기 위해선 대본에는 표현이 안 된 그 여자가 되어야 했습니다. 그래야 그 대사가 적절하게 표현되니까요.

2001년에 내가 한 연극 〈셜리 발렌타인〉은 혼자 하는 연극이었습니다. '모노드라마는 난 절대로 안 할 거야.' 평소에 늘 그렇게 생각해왔습니다. 하지만 대본을 받고 책상 위에 놨는데 대본 표지에 실린 작가의 얼굴을 보는 순간 내가 이 연극을 하게 될 거라는 생각이 들었습니다. 윌리 러셀이라는 영국 작가입니다. 이 남자의 얼굴이 내가 이 책을 꼼꼼히 읽은 이유였습니다. 모노드라마는 무섭습니다. 원래 모노드라마는 연기가 어느 경지의 이른 배우에게 작가가 바치는 헌사 같은 것입니다. 혼자 무대에서 무엇이 잘못 되어도 도망갈 수가 없습니다. 어찌됐든 혼자 꾸려나가야만 합니다. 관객의 시선에서 비켜날 수가 없죠.

얼마나 이 여자가 되기 위해 몰두했는지 〈셜리 발렌타인〉은 꿈속에도 왔습니다. 나는 자면서도 계속 이 여자의 얘기를 하고 있었습니다. 잠을 잘 수도 없었습니다. 나는 꿈에서 말했습니다.

"제발 가줘, 셜리. 나 좀 자자. 응?"

우습죠? 연극은 크게 성공했고 6개월간 공연했습니다. 재공연 제의를 받았지만 거절했습니다. 모두 아깝다고 했지만 나는 또다시 그렇게 정열적일 자신이 없었습니다. 그래서 나는 한꺼번에 두 작품을 못했습니다. 한꺼번에 두 여자가 될 수 있는 능력이 내겐 없었습니다. 이렇게 작품에만 몰두하는 동안 식구들에겐 깊은 상처를 주었다고 생각합니다. 남편도 아이들도 상처를 입으면서도 아내, 엄마보다는 배우로서 인정해 주었습니다. 얼마 전 아들이 나를 껴안아주며 "우리 엄마가 아이같이 순수하고 또 철이 없다는 것을 아빠와 나만 아는데 아빠는 갔고 아, 가엾어라." 했습니다. 나는 눈물이 났습니다. 우리 남편도 가면서 "나 없으면 자기 힘들어서 어쩌나." 그 말만을 했습니다.

나는 복잡해지면 졸음이 옵니다. 복잡해진 걸 풀려 하지 않고 그냥 자고 싶습니다. 내 눈이 반짝이는 건 연기할 때와 어떤 대상에 미칠 때뿐입니다. 다른 때는 늘 축 처져 있습니다. 연기는 자기가 경험했다고 잘하는 것이 아닙니다. 만일 이혼한 배우가 이혼한 여자 역을 하면 자기가 겪었던 심리 속에만 묶이게 됩니다. 이혼 경험이 없는 사람은 여러 가지 책에서 경험한 것, 상상으로 느끼는 것이 많기 때문에 더 잘 할 수 있다고 생각합니다. 모든 상황이 꼭 경험을 해야 더 잘 되는 것은 아닙니다. 그림이 구상에서 추상으로 가는 것처럼 말입니다.

연기도 너무 사실적인 것은 어떤 땐 구질구질해집니다. 그림이라면 커다란 화폭에 점 하나가, 아니면 기다란 선 하나가 더 마음을 흔들 때가 있는 것처럼 연기는 어느 선을 넘으면 그렇게 표현해야 하는 것이 아닌가 나는 생각합니다. 그런데 연기에서 그것이 어려운 것은 혼자 그렇게 해서 되는 게 아니라는 겁니다. 작가, 연출자, 또 같이 출연하는 사람이 같은 마음이어야 합니다.

나는 한때 말 못하는 여자를 하고 싶었습니다. 텔레비전 드라마가 너무 말이 많아 시끄러워졌기 때문입니다. 이제 모든 게 끝나가고 있습니다. 작품을 고르고 고르는 나에게 누군가가 현실을 직시해야 된다는 말을 에둘러서 했습니다. 나의 시대는 갔다는 얘긴 줄 압니다. 나는 예전과 같이 지금도 차를 타고 가다 감상적인 유행가 같은 것을 들으면 웁니다. 그럴 땐 내가 지금 손을 어떻게 하고 눈은 어디를 보며 울고 있는지를 살피고 있습니다. 너무 속상해서 어쩔 줄 모를 때도 내가 어떤 모습인가를 생각하고 있습니다. 100퍼센트 그렇습니다.

하지만 가엾은 아이들을 만나러 가서는 그런 것이 끼어들지 않습니다. 오로지 그 아이의 고통스런 상황에 몰두합니다. 이 아이들을 위해서 난 어떻게 해야 되나? 오직 그 생각뿐입니다.

　나는 압니다. 내 연기에 대한 열정은 내가 죽어야 끝난다는 것을! 내 책상 앞에 있는 창은 아주 커다랗게 아카시아 숲을 향해 있습니다. 여름날 더워서 창을 열고 스탠드를 켜고 책을 읽고 있으면 하루살이가 그 촘촘한 방충망을 어찌 통과했는지 스탠드 불빛 주위를 맴돌다가 죽습니다. 수천 마리의 죽음이 스탠드 주위를 까맣게 만듭니다. 불빛을 얼마나 사랑하면 사투를 벌이며 방충망을 통과해서 그 빛 앞에서 쓰러지는 걸까요. 어떤 눈은 그것들의 죽음을 어리석게 보겠지요. 하지만 내 눈에는 그것들의 죽음이 아름답습니다. 그 열정이, 그 사랑이 말입니다.

　나는 늘 생각해왔습니다. 같은 대사라도 내가 어떤 마음으로 하는가에 따라 전달되는 의미가 희망과 절망으로 나뉜다고. 아무리 내가 맡은 배역의 여자가 불행한 상황에 있더라도 불행 저 끝에는 실낱 같은 희망이 있다는 것을 전달하려고 했습니다.

　나는 내가 연기하는 여자를 통해 사랑을, 아름다움을, 희망을, 빛을 발견하게 될 것을 늘 잊지 않고 연기했습니다. 예술이란 대중예술이든 순수예술이든 인간을 순하고 아름답게 만들어야 한다는 믿음에 변함이 없습니다. 그것이 예술 행위가 전달해야 하는 몫이 아닐까요? 실컷 울고 나면 마음이 순수해집니다. 눈물나게 웃어도 '모든 것이 별것 아니다'라는 생각과 함께 마음이 순수해집니다. 진정한 슬픔이 무엇인가! 진정한 기쁨이 무엇인가! 진정한 허무가 무엇인가! 진정한 사랑이 무엇인가! 진정으로 몸 바쳐야 할 것이 어떤 것인가! 어떤 것이 진정 가치 있는 것인가! 나는 늘 연기로 표현하고 싶었습니다.

나는 희망이 언제나 어려움을 극복해준다고 믿는다. 그리고 슬픔의 유일한 치료제는 나눔이며, 사랑이 그 어떤 전쟁과 죽음보다 더 강하다는 걸 나는 믿는다. (사진 김중만)

나는 사람과 사귀는 것이 힘듭니다. 성격이기도 하지만 나는 늘 생각하는 게 있습니다. 눈에 보이지 않는 가치에 대해서입니다. 오직 문화방송에만 30년 넘게 출연해온 것은 '김혜자는 문화방송을 틀어야 볼 수 있다'는 말을 듣고 싶었기 때문입니다. 제일제당은 27년간 광고했습니다. 최장기간 모델로 기네스북에도 올랐습니다. 그 사이에 여러 광고주들로부터 많은 유혹이 있었습니다. '당신이 받고 싶은 대로 돈을 주겠다'고 한 큰 회사들도 있었습니다. 달콤한 제의였지만 나는 한 회사만 고수하면서 내가 광고하는 것에 대한 믿음을 주고 싶었습니다. 그렇게 한 것은 '김혜자가 선전하는 것은 믿어도 좋다'고 할 수 있게 제품을 잘 만들어달라는 당부의 마음에서였습니다. 그토록 긴 세월 동안 한 배우를 광고 모델로 써준 제일제당 역시 고마운 회사입니다.

그러나 세상에 영원한 것은 없습니다. 시작할 때가 있으면 끝날 때가 있습니다. 만날 때가 있으면 헤어질 때가 있습니다. 이제 모든 것이 빠르게 지나가고 있습니다. 배우로서의 내 삶은 행복했습니다. 물론 불행할 때도 있었습니다. 대본이 늦게 나와 대본 속 여자가 될 새도 없이 그저 지껄여야 되고, 열정을 바쳤어도 잘 안 되고, 시청자에게 다가가지도 못할 땐 말 그대로 지옥이었습니다. 그런 드라마가 많진 않았지만 그럴 땐 죽고 싶었습니다. 성공한 드라마도 실패한 드라마도 마치고 나면 매번 병이 났습니다. 한 달쯤 시름시름 아팠습니다. 요즈음은 작가의 연령층이 젊어져서 이제 모두 젊은 배우들의 얘기가 주축입니다. 나 자신도 젊은 배우를 보는 게 좋습니다. 젊음은 아름답습니다. 하지만 인생은 각자 모두가 주인공이듯이 나이든 배우가 조연이어도 그 역의 인생이 있어야 합니다. 그냥 젊은 역의 시중꾼으로만 존재해서는 잘 된 작품이라 할 수 없습니다. 한 장면을 나와도 그 배우가 출연하는 이유가 있어야 합니다. 이제 그런 드라마는 보기 힘들어졌습니다. 진정한 슬픔, 진정한 기쁨, 진정한 고뇌, 진정한 사랑 이야기가 그립습니다.

감사의 글

　10년 넘게 아이들을 만나러 다니느라 〈전원일기〉를 미리 녹화해두는 일이 많았습니다. 작가는 미리 글을 써야 하고 다른 연기자도 시간을 따로 내야 합니다. 물론 스탭들도 군일을 해야 합니다. 무척 복잡하다는 얘기를 하는 겁니다. 그럼에도 한 번도 싫은 내색 없이 내가 아이들을 위해 다닐 수 있도록 배려해준 방송국 식구들에게 감사합니다.

　최불암씨는 내가 없으면 늘 외롭게 안방에서 두 손을 다리 밑에 넣고 앉아 있어야 했습니다. 김수미씨, 고두심씨가 "언니 없으니까 최선생님 외로워 보여요." 하곤 했습니다. 정애란 선생님은 "늘, 건강 조심해라. 그런데 가면 넌 뭘 먹고 사니?" 하셨습니다. 연출 권이상씨, 모든 걸 조정하시느라 애쓰셨습니다.

　나의 남편은 이제 이 세상에 없지만 르완다, 소말리아 등 전쟁지역에 갈 때 걱정스런 눈으로 나를 바라보았고 나는 그때마다 "괜찮아요. 그리고 혹시 그런 데 갔다가 잘못된다 해도 그것도 괜찮잖아요. 누구든 한 번은 죽는데." 하곤 했습니다. 나의 뒤에서 언제나 소리 없이 웃음으로 나를 지켜봐주던 남편에게 감사하고, 이 책에 가장 많은 관심을 갖고 언제 다 쓰느냐고 여러 번 물어서 나에게 부담과 함께 힘을 준 내 사랑 첫 손녀 지유, 소말리아에 동행했던 정영숙씨, 르완다에 함께 갔던 그리고 지금까지 아이들을 위해서 애쓰는 박상원씨 감사합니다. 이 세상 어딘가에 이렇게 가엾은 아이들이 있다는 걸 알게 해준 월드비전, 그리고 이 책을 위해 기도해주신 박종삼 회장님과 직원들, 특히 그런 나라에 갈 때마다 나를 돌봐준 정겨운 신희경 팀장, "혜자마마 혜자마마" 하며 항상 책의 안부를 묻던 한비야 팀장, 시에라리온에서 우리 일행을 맞은 유엔의 유일한 한국인 고동주씨, 한국 최고 배우에 대한 예우라며 유엔 특별기를 이용하도록 배려해준 것에 감사합니다. 10년 가까이 극동방송의 〈김혜자와 차 한 잔을〉을 쓰고 있는 작가 박경희씨, 내가 어디 갈 때면 한꺼번에 많은 원고를 쓰느라 수고 많으셨습니다. 각 나라마다 동행해주신 연출, 카메라 감독님들 감사합니다. 사랑의 빵 저금통에 1천만 원짜리 수표를 넣으신 이름 모를 분, 당신 같은 분이 천사가 아닐까 생각했습니다.

　삶이 힘들고 어려울 때마다 늘 힘이 되어주고 방향을 가리켜 보여준 류시화 시인께 고마움을 전합니다. 당신이 아니었다면 이 책은 세상에 없었을 겁니다.

　생각해보면 모든 것이 감사할 일입니다. 이 책이 나오기까지 도와주신 모든 분들께 다시 한번 감사의 말을 전하고 싶습니다. 이 책에 실린 사진들은 내가 가지고 있는 것들인데 어느 분이 찍어준 것인지 몰라서 그냥 썼습니다. 감사합니다. 살아 있는 것처럼 찍어줘서……. 본문에 사용한 '세상 사람들에게 내 눈을 빌려주고 싶네'라는 구절은 티벳 소년 켈상(16세)이 쓴 시에서 인용했습니다. 인용을 허락해준 정희재씨에게 감사드립니다. 책 제목은 교육사상가인 파울로 프레이리의 말을 인용했습니다. 이 책에 더 이상의 제목을 생각할 수 없을 만큼 맞는다고 생각했어요. 그분께 감사합니다.

아이들이 보낸 편지

안녕하세요? 저와 할아버지는 잘 지내고 있습니다. 할아버지는 저를 돌보고 계세요. 전 쉐넌 초등학교 1학년이에요. 열심히 수업을 듣고 있답니다. 방과 후에는 물을 길어오기도 하고, 땔감 나무를 모으러 다니기도 해요. 집에서는 심부름도 하고, 음식을 만들기도 합니다. 저희 집은 농사를 짓고 있어요. 올해는 농작물을 모두 추수했고요, 거두어들인 것을 집에 가져다 놓았습니다. 지금 이곳은 여름이에요. 무척 덥기도 하고 춥기도 해서 우리를 힘들게 한답니다. 그런데 지난 5일 동안 비가 내려서 우리 모두 신선한 공기를 마실 수 있게 되었습니다. 마치 세상의 먼지가 다 없어진 것 같아요. 이런 계절은 사람과 동물 모두에게 좋은 것 같아요. 제게 보내주신 선물은 잘 받았습니다. 정말 감사드려요. 시간이 있으실 때 답장을 부탁드립니다.

— 아찰루 미스가네

잘 지내셨어요? 전 잘 지내고 있습니다. 학교를 당분간 그만두게 되었습니다. 부모님의 벌이가 시원치 못하거든요. 아빠는 다른 분들과 함께 조그만 농장을 가지고 계세요. 엄마는 땔감을 모아서 파는 일을 합니다. 내년에 가능하다면 다시 다니려고 해요. 작은 양동이로 물 긷는 일을 돕고 있어요. 이곳은 지금 겨울이에요. 낮에는 아주 더워요. 그런데 밤엔 몹시 춥답니다. 지난 3일 동안 비가 오기 시작했어요. 이런 날씨는 소와 사람들에게도 적당히 좋아요. 보내주신 선물을 받고 우리 모두 얼마나 기뻤는지 몰라요. 온 마음을 다해 감사드립니다.

— 수페 네제라

제 아들에게 편지를 보내주셔서 감사드려요. 편지를 받고 저희 가족 모두 기뻤습니다. 당신과 당신의 가족들 모두 건강하고 행복하시길 바래요. 니메쉬 차투란가의 생일은 4월이에요. 저희들은 올해 니메쉬를 유치원에 보낼 계획이에요. 니메쉬는 노는 것을 참 좋아해요. 모래장난, 공놀이, 자전거타기, 또 노래부르는 것도 좋아해요. 저희가 부처님께 기도하러 갈 때마다 꼭 따라가요. 기도하는 것을 좋아하죠. 저희는 '체나'라는 방식으로 농사를 짓습니다. '베고 태우는' 방식의 농사인데 빗물을 이용해요. 비가 제때 오지 않으면 모든 작물이 시들어버립니다. 그러면 많은 사람들이 어려움에 처하게 되죠.

이곳의 자연은 정말 아름다워요. 코끼리, 공작, 사슴, 소, 염소 등이 많이 있어요. 스리랑카의 불교도들은 매년 4월에 신년 축제를 해요. 이 기간 동안 각 가정마다 좋은 일들이 생기죠. 달콤한 케이크와 우유와 쌀로 만든 요리를 만들어 먹고 즐겨요. 이 모든 것은 정해진 때에 따라 이루어져요. 저희는 새옷을 입고 다른 집을 방문해요. 할머니, 할아버지댁, 친척들, 친구들 집을 방문하고 그들도 또한 저희 집을 방문해요. 이 시기에는 일을 멈추고, 또 일을 시작하는 정해진 때가 있고, 돈을 교환하기도 해요. 설날은 4월 14일이에요. 저희의 단 하나 소망이 있다면 저희 아들을 공부시켜서 아들이 언젠가 스리랑카의 훌륭한 사람이 되는 것이에요. 다시 한번 제 아들을 도와주시는 것에 대해 진심으로 감사드립니다.

— 니메쉬 차투란가의 엄마

저는 부모님과 잘 지내고 있습니다. 당신이 저를 도와주셔서 매우 행복해요. 제 이름은 톨로사 제네부예요. 부모님이랑 함께 살아요. 아버지는 농부이고 어

당신이 걸음을 멈추고 서서 바라볼 수만 있다면, 두 눈을 뜨고 있기만 하다면 당신은 보게 되리라. 당신이 세상의 고통받는 아이들을 위해 무엇을 하고 있는가를.

머니는 주부입니다. 형제 자매가 다음과 같이 있어요. 데야사는 여덟 살이고 학교에 아직 안 다니고 남자애예요. 테메스겐은 여섯 살 난 남자애이고, 마찬가지로 학교 안 가요. 게넷은 열 살이고 3학년에 다니는 여학생이에요.

저희는 노노 지구 내 투투 지밧 파머스 케벨레 구역에서 살아요. 노노 지역은 아디스아바바로부터 195킬로미터 서쪽으로 떨어져 있어요. 저희가 사는 곳은 시골이에요.

이 지역에 지밧이란 큰 산이 있어요. 정말 아름다워요. 울창한 나무들로 덮여 있고 거기에 사자, 호랑이, 하이에나, 멧돼지 같은 야생동물들이 살아요.

여기의 주된 농작물은 보리, 소맥, 콩, 완두콩 등이에요. 엔셋 또는 코쵸라는 식물은 저희 동네의 주된 식량이에요. 저희 집 지붕은 풀로 엮어졌고 벽은 나무와 진흙으로 만들어졌어요. 마실 물은 개울에서 떠오고 모닥불로 전깃불을 대신해요. 이때 모닥불에 사용되는 나뭇가지는 지밧산에서 모아서 와요. 남자들은 이 땔감을 어깨에, 여자들은 등에 지고 와요.

참, 전 4학년에 다녀요. 다음 편지에서 만날 때까지 건강하세요.

— 톨로사 제네부

저는 비살 비탈 사탐입니다. 필통에 들어 있는 24색 크레파스와 색연필 한 세트, 카드와 당신의 사진을 잘 받았어요. 저는 사진이 가장 마음에 들었어요. 물론 모든 선물이 마음에 들었습니다. 받은 선물을 친구들과 학교 선생님께 보여드렸더니 기뻐하셨어요. 저는 4월 7일에 끝나는 기말고사를 위해 열심히 공부하고 있어요. 그 이후 두 달은 여름방학입니다. 이곳의 기후는 매우 습해요. 저에게 안부를 물어주셔서 감사합니다.

— 사탐 비탈 비살

    찬드라카라라는 어린 소녀를 소개해드립니다. 찬드라카라는 학교 가고 공부하는 걸 좋아합니다. 뭄바이시에 있는 빈민가에 살고 있습니다. 공장지대 바로 옆에요. 이 조그마한 빈민가에 살고 있는 사람들이 믿는 종교는 다양합니다. 이곳 사람들은 일용직 근로자입니다. 그리고 시에서 만들어준 공동급수시설과 화장실을 이용하고 쌀, 달(콩으로 만든 스프 종류), 채소를 주로 먹습니다. 찬드라카라는 부모님과 살고 있습니다. 어머니는 가정주부이고 아버지는 노동자로 일하고 있습니다. 찬드라카라에게는 남자 형제만 한 명 있습니다.
    인도인들은 디왈리 축제(인도의 빛의 축제)를 엽니다. 그들에게는 매우 중요한 축제이죠. 이날 아침 일찍 집에서 기도를 한 뒤 축제를 거행합니다. 집에서 특별한 음식을 만들어 친구와 가족이 함께 둘러앉아 마음껏 먹습니다. 모두에게 즐거운 날입니다. 찬드라카라와 아이의 가족 모두는 당신의 도움에 매우 감사하고 있습니다. 당신의 도움으로 그들의 삶이 달라질 것입니다. 찬드라카라는 훌륭하게 자랄 것입니다.

— 찬드라카라를 대신해, 사회복지사 존 라비가

이 책에 실린 나라들 외에도 김혜자는 지난 11년 동안 우리나라를 비롯해 우간다, 보스니아, 중국, 베트남, 라오스, 캄보디아, 북한을 다니며 고통받는 아이들과 여성들을 위해 일해왔습니다. 이들에게 밥과 옷과 희망을 주실 분은 종교와 사상, 이념과 방식의 차이를 뛰어넘어 아래의 구호단체들로 연락주시기 바랍니다.

경희국제의료협력회
www.khmc.or.kr
02-958-8550

국제교류재단
www.kofo.or.kr
02-463-5600

국제자원봉사협회
www.kiva.or.kr
02-723-6225

국제학생봉사단
www.vois.net
041-578-8015

기독교연합봉사회
www.ucsc.or.kr
042-254-2323

대한불교조계종사회복지재단
www.mahayana.or.kr
02-723-5101

대한적십자사
www.redcross.or.kr
02-3705-3573

곰두리
www.welfaregom.or.kr
02-453-1544

국제 사랑의 봉사단
www.lci.or.kr
02-542-8095

국제키와니스 한국지부
www.kiwanis.co.kr
02-2268-8413

굿네이버스
www.gni.or.kr
02-338-1052

다일복지재단
www.welfare.org
02-2212-8004

대학사회봉사협의회
www.kcue.or.kr
02-783-9860

대한한방해외의료봉사단
www.komsta.org
02-701-5358

대한YWCA연합회
www.ywca.or.kr
02-774-9702

맑고향기롭게
www.kilsangsa.or.kr
02-741-4696

볼런티어21
www.volunteer21.org
02-415-6575

삼육국제개발구호기구
www.adra.or.kr
02-966-9550

선한사람들
www.goodpeople.or.kr
02-783-2292

시민자원봉사회
www.civo.net
02-2663-4163

열린의사회
www.opendrs.or.kr
02-3442-0988

유니세프 한국위원회
www.unicef.or.kr
02-723-7409

이웃을돕는사람들
www.bcej.org
02-3147-2600

자원봉사애원
www.aewon.org
02-2201-6634

두레공동체운동본부
www.doorae.or.kr
02-508-4477

밝은빛봉사단
www.bongsadan.co.kr
02-2643-0232

부름의전화
www.callphone.or.kr
02-701-7411

서울가톨릭사회복지회
www.caritasseoul.or.kr
02-727-2245

세계청년봉사단
www.kopion.or.kr
02-733-1387

아프리카난민교육후원회
www.adrf.or.kr
02-569-1928

월드비전 코리아
www.worldvision.or.kr
02-783-5161

유네스코 한국위원회
www.unesco.or.kr
02-755-1105

인도주의실천의사협의회
www.tj-humanmed.or.kr
02-766-6024

정토회
www.jungto.org
02-587-8990

종교인평화봉사단
www.chbuddaha.co.kr
02-578-7608

지구촌나눔운동
www.globalsharing.org
02-747-7044

펄벅재단 한국지회
www.pearlsbuck.or.kr
02-871-6916

플랜인터내셔날 한국위원회
www.plankorea.or.kr
02-3444-2216

한국국제봉사기구
www.kvo.or.kr
02-543-9411

한국기독교교회협의회
www.kncc.or.kr
02-763-8427

한국대학생자원봉사네트워크
www.uvnk.org
02-3676-5737

한국서비스포피스
www.cgl.or.kr
02-737-3721

한국유스호스텔국제봉사단
www.kyha.or.kr
02-725-3031

한국BBB
www.bbbkorea.org
02-756-9108

좋은벗들
www.goodfriends.or.kr
02-587-8996

천주교한마음한몸운동본부
www.catholic.or.kr
02-774-3488

평화해외자원봉사단
www.top100.cc
02-564-2770

한국국제기아대책기구
www.kfhi.or.kr
02-544-9544

한국국제협력단
www.koica.or.kr
02-740-5114

한국기독교연합봉사단
www.foodshare.or.kr
02-936-8295

한국대학사회봉사회
www.kcue.or.kr
02-783-9896

한국어린이보호재단
www.ilovechild.or.kr
02-336-5242

한국재난구조봉사단
www.k119.org
02-763-1119

한국JTS
www.jts.or.kr
02-587-8995

한국컴패션
www.compassionkorea.org
02-3474-3550

홀트아동복지회
www.holt.or.kr
02-332-7501

한벗장애인이동봉사대
www.hanbeot.or.kr
02-712-6094

* 게재는 가나다순입니다.

우리나라의 소년소녀 가장을 비롯해, 전세계 가난한 나라의 아이들과 결연을 맺고 있는 김혜자는 이 책의 판매로 얻어지는 저자의 수익금 전액을 가난한 아이들을 위해 쓰기로 했습니다. 세계 도처에서 기아에 허덕이는 8억 명 중 2억 명이 어린이들입니다. 사하라 사막 이남 아프리카의 경우 전체 어린이의 71퍼센트가 출생신고조차 되어 있지 않으며, 남아시아는 63퍼센트의 미등록률을 나타내고 있습니다. 전인류의 5분의 1인 12억 명이 하루 1달러 미만으로 살아가고 있습니다. 1만 원이면 굶어 죽어가는 아이 한 명을 한 달 동안 먹일 수 있습니다. 나눔은 우리가 가진 유일한 희망입니다. 다음은 김혜자가 월드비전을 통해 결연을 맺고 있는 전세계 아동들의 이름입니다(우리나라의 결연아동은 개인을 보호하기 위해서 밝히지 않습니다).

레이로야 느제미라, 렌타야 타이슨, 레키마르고 다마리스, 레틱틱 다마루, 레킬릿 자카요, 롤메웨티 사담, 레키사날 레질라, 레쿨랄 실비아, 레마르티 사이테키, 레키마르고 제네리카, 레피랄레 랴파네즈, 레키마르고 실비아, 로투아이 브라이언 사이레티, 레쿨랄 마리아, 레지얀토 나피레이, 레소로골 로이보쿠아, 레쿠루찰란 난챠, 렌타야 제키나, 렌골리아 젠슨, 레나추마 난제리요, 레아모 라도비, 레조로골 렌구타이, 레칼데로 송고리안, 레오로루아 린케시, 렐레사라 녜네리, 쿰사 메스투, 소보카 비르하네, 구타마 지파레, 베케레 루페, 비르하누 바이세, 비르하누 지나부, 바야라 쿠메, 올루마 렐로, 모투마 에지구, 모투마 아레가스, 레게세 아르게투, 구테타 마미투, 데베레 드디바바, 데베레 테지투, 베카나 테레사, 시페라우 카바네, 구투 베다, 셀레마 라메사, 셀레마 와쿠마, 게게사 다메시, 게게사 타레사, 하이루 메세레트, 하이루 리키타, 하이루 아스테르, 네게라 셀레마, 카턴 샤헤라, 카턴 아르지나, 카턴 아스마, 카턴 타슬리마, 카턴 리피, 카턴 카바시, 카턴 몰리, 하큐 파르자나, 아세포우 페카두, 네가싸 베르하네, 톨로싸 제네부, 톨레사 제네트, 베켈레 버하네, 아찰루 미스가누, 네게라 수페, 보코나 다메, 파틸자이완트 카잘, 카드페쉬리다르 사야리, 사탐비탈 비샬, 가디쉬얌수다르 프리앙카, 모히테샤라드 스와티, 라즈바르가즈라즈 니샤, 가자레나겐드라 찬드라칼라, 파텔크리쉰쿠마르 가이트리데비, 샤이크레흐만 압둘, 란데비쉬와나쓰 샨카르, 메흐트레고빈드라오 수닐, 와그마레타티야라오 산감쿠마르, 아다브바라트 가네쉬, 자다브바라샤헤브 사가르, 라자파크샤 피 니메쉬 차투란가, 위제냐야케 지 프라샤드 인디카, 오윤게렐 사인자야, 푸레브 테무우진, 발단갈산돈도브 알탄줄, 체레니아마 아유쉬쵸그트, 울지이부렌 부얀바트, 바안치그 초그조이마아, 간투무르 카리운, 오트곤자르갈 오트곤바야르, 느구엔 티 히엔, 느구엔 반 부안, 레 쿠앙 히에우, 트란 티 미 두엔, 보 티 킴 탄, 도안 티 누 부인, 트란 콩 둥, 느고 티 미 쿠인, 느구엔 티 느곡 투엔, 니야마페니 러크모어